Sensations d'Italie

ŒUVRES

DE

Paul Bourget

Édition elzévirienne

Édition in-18

ROMAN

EN PRÉPARATION

Tous droits réservés

PAUL BOURGET

Sensations d'Italie

(TOSCANE — OMBRIE — GRANDE-GRÈCE)

PARIS

ALPHONSE LEMERRE, ÉDITEUR

23-31, PASSAGE CHOISEUL, 23-31

M DCCC XCI

TO

ROBERT, LORD LYTTON,

these Italian Sketches

are dedicated

by

his affectionate Friend and Admirer

P. B.

Sensations d'Italie

LECTEUR, avez-vous gardé, malgré la tristesse des malentendus politiques, le goût passionné de l'Italie et, dans cette Italie, des coins les plus réfractaires au cosmopolitisme niveleur? Une fois les Alpes passées, rêvez-vous, en feuilletant le Guide, de ces petites villes qui enferment deux ou trois tableaux seulement, mais divins, ou dont le nom légendaire évoque un souvenir de grande histoire? Aimez-vous les récits de voyages sans rien leur demander que d'avoir été rédigés sur place, et, si c'est par un simple touriste, du moins par un touriste qui s'amuse le premier de son *tour* ? Admettez-vous ce genre aujourd'hui démodé : la description d'un tableau ou d'une statue, toute littéraire et sans document sur le plus ou moins d'authenticité? Pardonnez-vous à un auteur ce « moi » qu'une sévère formule qualifie de haïssable, quoique l'apparente fatuité de la littérature personnelle ait du moins cette modestie de ne pas dogma-tiser nos sensations? S'il en est ainsi et que je puisse vraiment vous appeler, à la vieille et bonne manière, « ami lecteur, » je vous soumets sans trop de défiance ce journal d'une longue excursion faite dans l'automne de 1890 à travers la Toscane, l'Ombrie, les Marches, la terre d'Otrante et la Calabre par un romancier en vacances, lequel a le malheur de n'être ni archéologue, ni critique d'art, ni économiste, ni politicien. Je ne croirai pas avoir perdu mon temps si ces notes vous prouvaient qu'un simple passant, et à qui man-quent toutes ces spécialités, peut encore glaner des impressions hors des grands centres classi-ques et dans le domaine réservé aux érudits, sur cette terre de Beauté qu'il faut continuer d'aimer, suivant la devise de ceux qui aiment véritable-ment, — malgré tout.

Volterra, le 2▮▮▮▮▮890.

L'empereur prétendait reconnaître la Corse rien qu'à l'odeur du cyste respirée à plusieurs lieues en mer. J'aurais, moi, la prétention de reconnaître la Toscane, moins poétiquement sans doute, mais d'une manière aussi certaine, rien qu'à débarquer dans un hôtel comme je viens de faire et à rencontrer des yeux la table préparée. Un fiasco de Chianti, une de ces grosses bouteilles au long col, à la panse garnie de paille tressée, se balance dans un panier de métal suspendu lui-même à une monture de cuivre. Des grives sont tout auprès, qui fleurent le genièvre avant même que le couteau ne les entame. Un garçon va et vient, de mine avenante et fine, qui vous parle un italien auprès duquel tout autre vous semblera du patois. Pour un rien il va vous citer un vers de Dante comme un cocher que j'avais, l'autre année, à Sienne, et qui me vantait « *l'ora del tempo e la dolce stagione,* » avec l'accent naturel dont il m'eût dit : « Le temps est beau. » En attendant, il transforme en h aspirées tous les c durs du commencement des mots : « *huesta hasa,* » dit-il, pour « *questa casa,* » cette maison. — Je ne l'entends jamais, cette prononciation singulière, sans revoir et cette rouge Sienne et la claire Florence et la brune Pise, et l'aimable paysage toscan avec son abondance et sa grâce, ses châteaux de la Renaissance sur les hauteurs et ses villas à terrasses, ses jardins où les blanches statues sourient parmi les cyprès noirs, et son ciel bleu, d'un bleu pareil aux enluminures du paradis dans les missels que de vieux gardiens vous montrent au fond des fraîches sacristies parées de fresques pâlissantes !...

Vais-je la retrouver demain, cette chère impression, dans cette ville perdue et dont l'approche m'a paru ce soir si étrangement farouche et fantastique ? Pour la gagner, j'ai dû prendre le chemin de fer qui va de Pise à Rome, m'arrêter au tiers de la route, puis bifurquer par un autre train, local, celui-là, et en deux heures il m'a conduit à une station qui porte bien le nom de Volterra. Mais la gare se trouve, en réalité, à deux autres heures de la ville, cette dernière étant juchée à près de six cents mètres d'altitude, tandis que la voie ferrée serpente dans la plaine sur le bord de la petite rivière Cecina dont les morceaux luisent çà et là sous la lune comme des fragments d'une plaque de métal brisée. Il m'a fallu confier ma malle à un charretier, un enfant de quinze ans, athlétique et dégourdi, qui l'a calée tout seul sur sa voiture à bras entre d'autres caisses et des paniers de poissons, venus de la Maremme. Puis a commencé une course folle dans une berline des vieux temps, lancée au galop de ses chevaux attelés de corde, le long d'une route dont les innombrables lacets escaladent des collines après des collines, des mamelons après des mamelons. Des points lumineux apparaissent et disparaissent sur la crête. Ce sont les feux de la ville. D'autres voitures montent; les cochers luttent à qui brûlera l'autre; le vent s'est levé, et en quelques heures me voici passé du doux automne de la Rivière de Gênes au précoce hiver de la montagne. Enfin des remparts crénelés se dessinent, la voiture s'engage dans une allée de cyprès sinistrement profilée sur un ciel de onze heures du soir, bleu de lune. A travers la fenêtre et sous cette lune, j'aperçois une colonne qu'un griffon surmonte et qui domine l'immense océan des mamelons ravinés. Une porte antique bombe sa voûte noire. Les roues ont quitté la terre pour la dalle et les rangées de palais sombres se massent de tous côtés jusqu'à l'auberge sombre aussi d'aspect, mais gaiement hospitalière à l'intérieur, où le souper préparé, le fiasco de Chianti et les grives au genièvre semblent démentir cette sauvage arrivée. — Retrouverai-je demain mes sensations de Sienne, de San Gimignano « aux belles tours » — *delle belle torre* — de Poggibonsi et de tant d'autres coins qui m'ont tellement plu dans cette province? Je le saurai dans douze heures; mais ce serait, si mon attente était déçue, un mauvais présage, à me faire renoncer à ce voyage vers Pérouse, à travers la Toscane, désiré pourtant depuis des années.

Volterra, le 22 octobre.

Je continuerai ma route. Les dieux propices
qui ont jadis régné dans la vieille cité d'Étrurie
m'ont donné une de ces premières journées de
voyage qui sont comme un de ces premiers gains
au jeu, après lesquels on joue longtemps, pour
les prolonger ou les retrouver. C'est une vision
du Moyen-âge que cette ville, serrée d'une ceinture intacte de remparts où les murailles floren-
tines se relient aux murailles étrusques. Les rues
dallées, étroites comme des couloirs, tournent
entre des maisons-fortes aux fenêtres grillées.
Parmi ces maisons, les plus anciennes gardent
encore des tours sur leur faîte. A de certains
coudes, la rue s'étale en terrasse et l'on aperçoit
l'ondulation immobile des collines nues et fauves

par delà lesquelles miroite la mer indécise qui se
montre et se dérobe tour à tour, avec le passage
de ses bateaux à vapeur — un point dans l'espace, une fumée dans l'air, et que de destinées
humaines ils emportent ainsi! — Visiblement,
cette Volterra ne fut qu'un bastion suspendu sur
la Maremme. Tout aujourd'hui encore y parle
d'attaque et de défense, de quartiers occupés place
par place, maison par maison. Les habitants
déploient-ils une vigilance plus active, ou bien
l'exceptionnelle qualité de l'atmosphère sur ce
sommet battu des vents conserve-t-elle les
bâtisses plus intactes? Aucune de ces maisons
n'offre trace de ruine. Ce sont partout des
constructions grises, si sèches, si pompées de
leur humidité par le soleil, que sur ce ciel
d'octobre, d'un azur resté intense, les arêtes sculp-
tées se détachent avec des nettetés d'eau-forte. Pas
une pierre n'a dû bouger depuis quatre siècles. On
se croirait au lendemain du siège de 1472 où Laurent de Médicis prit la ville. Dans ces mêmes rues,
entre ces mêmes murs, sur ces mêmes dalles le
sang a coulé dans ces jours funestes d'un flot si
férocement répandu qu'à cette époque de massacres quotidiens cependant, le sac de Volterra fit
horreur. Quand le Magnifique fut à son lit de mort,

dans cette douce villa Careggi située aux portes de Florence et dont les fenêtres donnent sur un jardin planté de cèdres toujours verts, de rosiers toujours fleuris, de lauriers roses et blancs, d'œillets rouges et safranés, le chrétien épouvanté reparut chez le fondateur de l'Académie Platonicienne. Cet homme, supérieur et complexe, volontaire et ondoyant, qui avait associé aux suprêmes délicatesses de l'esprit les pires cruautés de son époque, trembla devant son passé. Si les confesseurs ne l'avaient absous que par flatterie? Et il fit venir, affamé d'une bénédiction dont il fût sûr, le dominicain au profil de bouc, le pire adversaire de sa famille, l'implacable apôtre de *Saint-Marc,* le rude Jérôme Savonarole. La prise de Volterra fut un des trois crimes que le moine refusa de pardonner au mourant, et ce dernier dut revoir, dans son imagination surexcitée par l'agonie, ces murs, ces places, ces palais, tels que mes yeux de promeneur paisible les contemplent aujourd'hui. Quel cadre pour une obsession de remords pareille à celles que décrivit Dante! Il semble que malgré le clair azur il reste ici comme du tragique empreint partout. Sur cette place, devant le palais des Prieurs, les blasons sculptés de la façade ont vu rouler la tête du tyran Belforti.

Cette porte de l'Arc dressait déjà sous les Étrusques les blocs noirs de ses assises ; et les masques grossièrement sculptés qui la décorent furent peut-être insultés par les légionnaires de Sylla quand ils forcèrent la malheureuse ville !... Du côté qui regarde Sienne, la forteresse construite par Laurent après sa victoire s'enfonce dans l'horizon comme un éperon de navire, et, pour que la légende ajoute sa grâce au terrible de l'histoire, tandis que le donjon florentin porte le nom redoutable de *Mastio,* « le Mâle, » l'autre tour de la forteresse, construite cent ans plus tôt et que ses formes plus grêles ont fait surnommer la *Femmina,* se pare aussi de ce nom délicieusement shakespearien : « la Tour du duc d'Athènes. »

Est-ce le contraste entre ces visions d'un passé cruel et la sécurité apaisée de nos jours ? Jamais et même dans ces petites villes anglaises du *Lake-district* que j'ai tant aimées, je n'ai mieux respiré qu'ici l'atmosphère d'une vie intime, étroite et divinement monotone. Les héritiers des vieux Étrusques qui se promènent au soleil, embossés déjà dans leurs manteaux bruns à doublure rouge, portent empreinte sur leur physionomie une si profonde placidité bourgeoise ! Les enfants jouent si gaiement sur les portes! Les ouvriers, occupés dans les arrière-boutiques à ces étranges ouvrages d'albâtre qui font la fortune, mais non la gloire artistique de Volterra, paraissent exercer là si heureusement un métier qu'ils ne feront jamais ailleurs! Comme la journée est déjà froide, les femmes passent, réchauffant leurs mains gourdes à l'anse d'un petit vase de terre rempli de braise qui s'appelle un *scaldino*. Ce joli geste a inspiré à un poète de mes amis un sonnet légèrement maniéré que je ne puis résister au plaisir de traduire, un peu malgré son auteur, pour son coloris toscan; du moins je le sens tel, peut-être comme les amoureux trouvent amoureuses toutes les romances :

Dans les villes claires de ma Toscane bénie, — et le long des rues étroites entre les antiques palais, — le vent d'automne souffle, emportant avec lui le froid — des Apennins, blancs là-bas de la neige tombée cette nuit.

Et les femmes marchent vite, tenant dans leurs mains — l'anse élégante du vase en terre brunie, — où, sous les cendres grises, rougeoie la vivante braise. — Et ce peu de feu suffit à les réchauffer.

Ainsi par ces jours de l'automne de ma vie, — quand autour de moi semble sortir de toutes choses un souffle — qui glace jusqu'à mon espérance de l'espérance, — je prends pieusement avec moi ton souvenir, — et le feu des tendresses de jadis, vivant sous les cendres — du passé, suffit à réchauffer mon cœur.

A défaut du scaldino réel des brunes Toscanes et du scaldino sentimental célébré par le poète, j'ai, moi, pour me réchauffer, sous le vent de tramontane qui s'est levé, cette allègre fièvre de découverte qui fait la gaie poésie du voyage, et ici tout la suscite, depuis le premier coup d'œil donné à la ville jusqu'aux indications du Guide. Ce compagnon, parfois si bien, parfois si mal renseigné, — mais cette incertitude n'est-elle pas un charme de plus ? — mentionne deux tableaux de Luca Signorelli conservés, l'un au palais des Prieurs, l'autre dans une chapelle du Dôme. C'est par eux que je commencerai mon pèlerinage, car les œuvres du maître de Cortone n'abondent pas dans les musées, et c'est un admirable maître. Cet artiste, un des rares qui trouvèrent grâce devant la féroce critique de Michel-Ange, paraît avoir été une façon de grand seigneur anatomiste, comme un ouvrier de fresque aux goûts somptueux. Du moins, Vasari, qui le connut dans sa vieillesse, le montre ainsi et il raconte sur lui une étrange anecdote qui, prêtée à d'autres, ne convient à personne autant qu'à ce dur dessinateur du xve siècle, auprès duquel Mantegna semble facile : « Luca, » dit le chroniqueur, « ayant perdu un fils très beau et qu'il aimait tendrement, le fit mettre nu devant lui, et, avec une très grande constance d'âme, sans gémissements, sans larmes, il le copia pour avoir toujours sous les yeux, grâce à l'ouvrage de ses mains, celui que la nature lui avait donné, et enlevé la fortune ennemie. » — Malheureuse- ment les deux sujets traités par le peintre à Vol- terra ne sont pas de ceux qui conviennent à son puissant et âpre génie. C'est dans le palais une Madone parmi des Saints qui porte sur ses ge- noux un Enfant Jésus. Le petit être nu fait, avec sa main de quelques mois, exactement le terrible geste du Christ juge dans la fresque du Buona- rotti à la Sixtine. Non, ce n'est pas là le Sauveur, ce n'est pas l'Enfant né dans la crèche entre le Bœuf et l'Ane, et que dans une toile adorable, au Musée Poldi de Milan, Sandro Botticelli nous montre jouant avec des épines et des clous et semblant avoir pris de la nature humaine jus- qu'à la faiblesse ignorante du premier âge. Ce n'est pas non plus celui que les boutiquiers Sici- liens invoquent encore aujourd'hui vers Noël par des bandes de papier collés aux devantures qui portent écrit : « *Viva Gesù Bambino!* » Le petit

Jésus de Luca traite déjà les pêcheurs comme
l'Hercule de la légende antique faisait les ser-
pents qu'il étouffa dans son berceau. La fausseté
de cette conception n'est pas rachetée par une
facture assez accomplie, et, quant à l'autre tableau, celui de la cathédrale, qui représente une
Annonciation, il a été gâté par de trop visibles
retouches. Diverses toiles qui abondent à côté
de ces œuvres dans les deux monuments, quoique
attribués à des artistes de la valeur de Ghirlandajo, du Sodoma et de Gozzoli, ne donnent pas
davantage une impression de maîtrise. Peut-être
cependant ne suis-je pas juste, ayant été conquis
tout entier par un autre tableau, oublié dans le
Guide, celui-là, et que recèle un couvent de
franciscains hors de la ville.

Je me rendais dans ce couvent bien par hasard, persuadé, après le désappointement de ces
deux visites, qu'il ne fallait demander à Volterra
que ces premières sensations d'une pittoresque
redoute, et les aviver par de simples promenades autour des remparts. En allant donc vers
ce monastère de San Girolamo à travers l'aride
banlieue, je voulais seulement revoir à distance,
et par delà une déclivité de terrain, la ligne si
nette des murs avec la formidable poussée en

avant de la forteresse florentine. Des femmes de la campagne passaient, chaussées de souliers à clous et cachant leurs yeux sous le rebord avancé d'un chapeau d'homme, en feutre, plat et rond. La vague sauvagerie de leur aspect s'harmonisait si bien à la couleur générale de la vieille cité de guerre, que je me serais trouvé récompensé de ma promenade rien que par cette impression si complète. Aussi fut-ce une délicieuse surprise, lorsque, arrivé au couvent, le moine chargé de le garder, — un frère mineur en robe brune, — insista pour me montrer ce qu'il appelait les « trésors » de San Girolamo. Il m'ouvre d'abord une sorte de petite chapelle qui sert de tombeaux aux Inghirami, célèbres patriciens de la ville, et j'y lis sur la pierre cette mélancolique épitaphe, d'un panthéisme bien étrange en ce lieu chrétien :

Tutti torniamo alla gran madre antica
E il nome nostro appena si ritrova!...

Et au-dessus de cette pierre de sépulcre se dresse un merveilleux pan de mur où Lucca della Robbia a représenté en terre cuite un Jugement dernier, tout blanc et bleu, avec une incomparable largeur d'exécution dans un art qui ne semble comporter que la mignardise. Le visage d'un jeune homme dans le bas à droite, qui ne sait pas s'il est sauvé et qui regarde l'Archange dispensateur, vaudrait seul un voyage vers cette église inconnue. Elle possède un autre bijou encore et à mon sens bien plus précieux. C'est une Annonciation peinte sur bois par un artiste de l'école de Sienne, connu seulement des historiens d'art, Benvenuto di Giovanni. Sur un fond d'or, la Vierge est assise, vêtue d'une robe lamée d'or et dans un champ de fleurs d'or, avec des traits menus d'une délicatesse si tendre! Ah! l'adorable vision et qui flottera pour moi toujours entre les lignes de la *Vita nuova* et des sonnets de Cino! C'est, en effet, la Dame du chevaleresque Moyen-âge, l'évangélique être qui par sa pureté renouvela le rêve de l'amour, et c'est aussi, avec la mélancolie résignée de son sourire, la mère douloureuse qui aura dans le cœur les Sept Glaives. On devine une pitié dans le bel Ange annonciateur si visiblement venu d'en haut, tandis que, vêtus l'un d'une armure de magicien et l'autre d'une robe tissée par les fées, saint Michel et sainte Catherine martyre se tiennent sur les deux côtés, et en bas, à gauche, le donateur agenouillé montre la ferveur modeste de son pauvre visage mortel. Les années ont jeté comme un voile sur ce tableau. Les années ? non. Mais la vapeur de l'encens qui a fumé au pied de l'autel pendant des milliers d'offices et dans cette étroite église, depuis plus de quatre cents ans. Le coloris de cette peinture est aujourd'hui mystérieux et vague comme l'ombre de la chapelle à travers les vitraux. Le teint des personnages est pâli et spiritualisé comme celui des vraies chrétiennes qui ont prié à cette place. La maladresse un peu lourde du dessin, la roideur des attitudes, la convention pieuse de l'arrangement finissent de donner à cette œuvre presque inconnue un charme unique et qui ne saurait s'oublier. Dans le Musée de Sienne, elle ne se distinguerait pas des autres, et, pour moi, bien que j'aie déjà passé des heures et des heures dans ce Musée, Benvenuto se confondait avec tous les autres maîtres de son groupe et de son temps : Francesco di Giorgio, Neroccio di Bartolommeo Landi, Guidoccio Cozzarelli, Girolamo di Benvenuto. Ils sont si nombreux, ces élèves du mystique Duccio et du savant Simone Martini! La communion de l'Idéal et de la manière était aussi chère aux artistes d'alors que la recherche de l'originalité à tout prix nous est chère à nous. Ils acceptaient, eux, ils souhai-

taient de continuer simplement une tradition,
d'être chacun la branche d'un même grand
arbre, pas même la branche, mais une fleur
parmi les fleurs, une minute d'une grande
journée, l'étape d'une grande doctrine. C'est
pour cela que la réunion de beaucoup de leurs
œuvres donne une sensation d'une telle puissance, et qu'une telle puissance encore réside
dans chacune de leurs œuvres isolées. Un je ne
sais quoi d'à demi impersonnel permet d'entre-
voir, par delà le fragment contemplé, le vaste
effort qui seul l'a rendu possible. Quelquefois
même, comme ici, le fragment est si délicieux
que, pendant une seconde, il semble marquer le
point suprême auquel est suspendu tout le reste,
et, pendant cette seconde, toute la gloire de
toute l'école rayonne à la fois sur le nom du
pauvre ouvrier modeste, qui, à force de mérite
soumis, a eu du génie dans une œuvre comme
les plus grands des grands.

III

Volterra, le 23 octobre.

« La sirène aime la mer et moi j'aime le passé... » Ce vers du premier parmi les poètes anglais nouveaux, que de fois je me le suis redit en Italie, dans cette terre où la vie ancienne sommeille sous la vie présente, et sous cette vie ancienne une vie plus antique encore, et encore une autre. Sous la Volterra d'aujourd'hui, il y a celle du Moyen-âge, et puis celle des Romains, et sous celle des Romains celle des Étrusques. Cette dernière gisait à la lettre sous la terre, ensevelie dans des tombeaux qui ont rendu au jour plus de six cents urnes. Ces caisses funèbres, de forme rectangulaire, paraissent avoir voulu être d'abord des maisons en miniature. Le naïf instinct de l'âme humaine l'a toujours conduite à souhaiter pour les êtres aimés *une autre vie*, c'est-à-dire la même de nouveau, pour qu'ils puissent nous aimer avec le même cœur, et, nous le voudrions, dans le même cadre d'objets familiers. Puis ces urnes se sont parées de bas-reliefs, et maintenant que les morts auxquels elles étaient réservées n'ont personne qui se soucie d'eux, on ne va plus voir que ces sculptures dans le Musée de Volterra comme dans celui de Chiusi. Quoique les sujets répétés prouvent une fabrication simplement industrielle, nous nous souvenons que ces images furent associées à des deuils ressentis, voici plus de deux mille ans, et c'est de quoi toucher en nous les cordes profondes de la sympathie humaine. Devant les débris des sépulcres historiques nous ressemblons tous à ces légionnaires dont parle Tacite et qui, traversant des plaines funestes, théâtres d'anciens combats, se sentaient, malgré leur insouciance de vieux ouvriers de tuerie, remués par ce que l'historien appelle magnifiquement: l'incertain des choses humaines!...

Le Musée étrusque de Volterra est un des plus intelligemment distribués que j'aie visités. Comme la délicieuse galerie Poldi-Pezzoli, à Milan, — où l'on peut, auprès du Botticelli auquel je songeais hier, regarder la Dalila de Carpaccio bercer le sommeil de Samson, au bruit d'un jet d'eau qui pleure dans un jardin si doucement vert et silencieux, — il fut d'abord l'œuvre d'une volonté privée. C'est l'excellent fond sur lequel l'Italie s'est refaite, cela, cette initiative des particuliers, héritée des vieilles républiques et qui se retrouve encore aujourd'hui dans beaucoup de petites et de grandes choses. La statue du collectionneur de caisses funéraires, mort à présent, comme ceux dont il troubla le grand repos, monseigneur Mario Guarnacci, préside paisiblement aux promenades des curieux parmi ces débris que ses soins d'érudit ont arrachés aux nécropoles de la vénérable Velathri. Presque toutes ces caisses furent taillées dans une albâtre revêtue jadis d'un enduit colorié. Une teinte jaunâtre y demeure attachée, qui joue le marbre. Chacune se ferme d'un couvercle sur lequel le mort est représenté, tenant à la main la patère des libations suprêmes, avec un corps trop petit et traité sans aucune recherche de vérité anatomique, tandis que la tête très grosse fut évidemment sculptée d'après un scrupuleux souci de la ressemblance. Cette disproportion singulière donne une mélancolie de caricature à ces portraits difformes, qui décèlent pourtant un besoin bien permanent de la race ; car aujourd'hui encore, dans les cimetières d'Italie et parmi les symboles généraux de douleur et d'espérance, c'est toujours la statue ou le buste du mort qui se retrouve, sculpté avec un réalisme minutieux, — jusque et y compris la dentelle d'une robe, les cordons d'un soulier, les plis d'une redingote. Sous le portique du four crématoire à Milan, les photographies des incinérés ne sont-elles pas collées sur le vase qui enferme la blanche poudre de leurs ossements ? Il semble que ces sensibilités méridionales ne puissent s'affranchir du besoin de la forme, et elles ne le pouvaient pas davantage aux temps de cette vieille civilisation étrusque inexplicablement mélangée d'Orient et de Grèce.

Cette ressemblance de sensation n'est pas la seule que révèlent ces monuments funèbres. L'idée que les lointains habitants de ce coin du monde se faisaient de la dernière énigme est écrite dans les bas-reliefs qui décorent les parois des urnes. Quoique la dimension n'en soit pas bien grande, puisqu'elles ne devaient contenir qu'un résidu de cendres, — cette poussière des ailes de Psyché, comme disait un païen moderne,

— cette place suffit à des scènes entières où se
meuvent de multiples personnages. Les pensées
que leur action est destinée à traduire ne se
distinguent guère de celles qui, encore à présent,
constituent notre seule philosophie du tombeau.
Le thème ne varie guère, et c'est toujours la briè-
veté des joies, la soudaineté des séparations,
l'effroi des dangereuses puissances de la nature,
le souvenir du peu que nous sommes, — et cependant il faut que nous répondions de ce peu
devant le juge ! — Ici, c'est le défilé des monstres
démoniaques : des griffons combattent des
hommes, des Tritons emportent des jeunes filles,
des Furies déploient leurs ailes qui donnent à la
pierre un revêtement de frissons, tant la nervure
fine d'une aile de chauve-souris semble y pal-
piter. Ailleurs, c'est la séparation de l'âme et du
corps, qui fait le sujet du bas-relief. Un serviteur
harnache un cheval pour cette âme qui va partir,
un autre joue de la flûte pour la charmer et lui
adoucir l'amertume du lointain voyage. Sur d'autres urnes, j'aperçois Mercure psychagogue. Ce
conducteur des ombres se tient dans un angle avec
son caducée, tandis que le mourant échange des
adieux avec les siens. Ailleurs, cet Hermès, jeune,
souple, élégant, même dans son funeste rôle, est

remplacé par un farouche Caron, qui soulève un marteau pour briser le corps. D'autres fois encore, tandis que ces adieux se prolongent, un personnage inconnu paraît, portant sur son épaule un sac à deux poches : l'une pour les bonnes, l'autre pour les mauvaises actions du défunt. Oui, ils se prolongent, ces adieux. Qu'il a de peine, celui qui part, à franchir la colonne qui marque la limite de cet univers et de l'autre ! Oui, le lointain, le dur voyage à faire, et que nous voyons d'autres ombres accomplir, les unes sur le cheval préparé, d'autres en litière ou en bateau, d'autres sur un char, toutes rencontrées par des mânes, par les formes redoutables et monstrueuses des génies infernaux. Puis, comme si les artistes chargés de ces travaux avaient écouté les conseils des poètes et des philosophes, dont c'est là dans l'antiquité un texte favori, sans cesse aussi des représentations d'épisodes tragiques semblent dire à ceux qui restent : — Vous pleurez votre cher mort, songez combien d'autres s'en sont allés déjà, et dans de pires angoisses, qui valaient mieux que lui, des héros, des rois, des princesses dans la fleur de la joie et de la beauté ! — Et les épisodes les plus sombres de la légende hellénique s'évoquent tour à tour.

C'est la guerre de Thèbes et le duel fratricide
d'Étéocle et de Polynice ; c'est le meurtre de Cly-
temnestre et d'Égisthe l'adultère ; c'est Oreste et
Pylade en Tauride, Iphigénie sacrifiée, Troïlus
mourant, Ulysse perçant de ses flèches les perfides prétendants, Polyphème dévorateur, des
mêlées de Barbares et de démons. La facture
de ces bas-reliefs est très inégale. Quelques-uns
témoignent d'une main habile, d'autres décèlent
un travail mercenaire, une besogne exécutée
comme à la grosse. Les uns et les autres intéres-
sent les visiteurs également, pour des raisons de
renseignement très indépendantes des qualités
d'art. C'est même, quand on y réfléchit, une ironique et décourageante constatation des voyages
en pays d'histoire que cette égalité devant le
document. Le plus grossier objet, mais qui a
servi, qui a été fabriqué pour un usage positif, emporte avec lui une signification parfois supérieure
à celle d'un bijou précieux mais inutile, d'une
ciselure raffinée mais inefficace. La grande loi
du besoin qui pèse si durement sur la race humaine se manifeste même ici. Ce que nous de-
mandons à ces monuments des piétés anciennes,
ce n'est pas la beauté des formes, un songe de
poésie et de lumière. Non, mais de nous révéler

des cœurs; et la palpitation maladroite de la
pierre gauchement taillée nous les montre, ces
cœurs de jadis, si voisins des nôtres! Quand
nous avons rendu à nos morts, nous aussi, un
hommage de pitié pour ce qu'ils ont souffert,
pour ce qu'ils souffrent peut-être encore; quand
nous avons éprouvé auprès d'eux un frisson de
triste espérance parce que nous souhaitons de les
revoir, de terreur parce que nous serons comme
eux un jour, d'ignorance parce qu'ils ne nous
parlent plus jamais, n'avons-nous pas épuisé la
coupe de ce que nous pouvons répandre de sentiments sur leur dernier asile? Et ces sentiments,
nos sentiments, ces urnes racontent que ces
hommes les connaissaient tous. Nous avons pu
changer leurs rites, dépouiller leurs superstitions;
ce qu'ils ont subi, nous le subissons, ce qu'ils ont
aimé, nous l'aimons, ce qu'ils ont redouté, nous
le redoutons, ce qu'ils ont pleuré, nous le pleu-
rons, et le sphinx qu'ils sculptaient parfois sur ces
vases mortuaires n'a pas prononcé un mot de
plus sur l'éternel problème!

J'ai voulu visiter une au moins des tombes où
ces urnes reposaient avant d'avoir été transpor-
tées dans le Musée; — passage qui leur fut une

mort dans la mort. N'y avait-il pas autour d'elles encore un peu de piété vivante, quand elles gardaient la place que leur avaient choisie des mains attendries et religieuses?—La tombe où je suis descendu et qui porte le nom des Inghirami, parce qu'elle se trouve près des jardins de cette famille, se compose d'un court souterrain plusieurs fois replié sur lui-même. On y accède par une ouverture creusée dans un tertre et fermée d'une porte dont un paysan à demi sauvage garde la clef. Mon guide tient à la main une lampe en terre cuite, allongée en forme de bec à la place où sort la mèche et qui reproduit presque exactement les lampes trouvées dans les tombeaux pareils à celui-ci. La fabrication de ces ustensiles communs s'est donc transmise d'âge en âge sans s'interrompre jamais, à travers tant de bouleversements et de massacres! Une fois descendues les marches de l'escalier, une sorte de cave se dessine, éclairée vaguement par cette lumière tremblante, avec des banquettes de pierre, disposées comme des lits pour un festin. Quelques urnes y sont rangées encore et les statues des défunts, couchées sur les couvercles, semblent une assemblée de convives immobiles dans une attitude de banquet. Cinquante caisses environ

pouvaient tenir sur cette couche funèbre qui
règne le long de la galerie. Était-ce une place ré-
servée aux membres d'une même famille que
Perséphone devait ainsi appeler tour à tour à ce
rendez-vous de silence, à cette fête du repos sans
réveil? Quelles douleurs inguérissables, quelles
amours plus fortes que le tombeau sont venues
sangloter ici? Que raconteraient ces pierres des
murailles si elles s'animaient tout à coup,
comme celle de la montagne Arabe? Voici
que, malgré moi, un remords de profanateur
se mêle à ma curiosité. J'oublie la minuscule et
grotesque difformité des corps sculptés sur les
couvercles des urnes pour ne plus voir que l'expression des visages; et je me retourne vers l'ori-
fice de la porte afin de retrouver, au lieu de la
clarté fantastique de la lampe, la pure, l'incorruptible lumière du jour. Je remarque alors que,
sous la voûte de l'entrée, les arbres ont poussé
leurs racines avec tant de force que l'extrême
pointe de ces racines a percé l'épaisseur du sol
et de la roche. Le soleil y frappe en ce moment,
et cela fait comme une dentelle dans la lumière,
comme un réseau de petites fibrilles vivantes,
toutes chargées de gouttelettes. Ces perles brillantes, où se distille l'humidité de la terre, sem-

blent descendre vers ceux d'en bas, comme les larmes de la nature d'en haut, prises à la pluie, au vent, à l'air du ciel, à tout ce qui renouvelle sur la surface du monde le manteau coloré des végétations mouvantes pour la joie des prunelles qui vivent. C'est le souhait que répètent les enfants grecs le long des routes de Corfou en mendiant des sous et offrant des fleurs. « Puissiez-vous jouir de vos yeux! »

IV

Colle, le 24 octobre.

Je suis parti de Volterra ce matin pour gagner Sienne en voiture. La route longe San Gimignano, traverse Colle et doit entrer dans Sienne par le palais des Turcs, élégante construction en briques du xve siècle, et la porta Camollia. Au trot de deux petits chevaux toscans qui vont vite, et que le cocher encourage de temps à autre en leur insufflant par force du vin de Chianti dans le gosier, il faut de huit à neuf heures pour ce trajet. Il permet de juger une fois de plus combien en Italie plus qu'ailleurs l'extrême abondance alterne avec la désolation absolue. C'est d'abord des kilomètres et des kilomètres à travers une lande digne de celle du roi Lear, tant elle s'étale sous le vent, nue, sauvage et ravinée. En se retournant, on aperçoit Volterra longtemps, et toujours la pointe de la forteresse florentine commande cette farouche étendue. La mémoire pleine des chroniques de la ville, on songe à la guerre de partisans que menèrent ici pendant toute la fin du XIVe siècle les Belforti, ces cruels tyrans enfin chassés par la révolte populaire. C'est l'histoire commune de toutes les cités libres d'Italie. Puis San Gimignano s'aperçoit, menaçant, elle aussi, la lande, mais déjà dressée sur une colline moins farouche et dentelant l'horizon de ses architectures singulières. Les campaniles qui s'y multiplient, se détachent en gris sur un azur si bleu, et des oliviers l'enserrent comme d'une oasis de verdures si pâles ! Je ne saurais voir cette silhouette de la ville « aux belles tours » sans éprouver l'envie, irréalisable en ce moment, d'y refaire un séjour, ne fût-ce que de quelques heures. Il s'y trouve, au palais du Podestat, un délicieux *tondo* de Filippino Lippi, un tableau de forme ronde, qui représente un Ange annonciateur au profil douloureusement extatique, aux mains blanches et fines dans leur longueur; il tient une branche de lys dont les fleurs à demi closes dépassent sa tête, et, pour mieux indiquer qu'il apporte un message d'un plus puissant que lui, de grands

rayons d'or, émanés d'un être invisible, se prolongent à travers ce lys, sans même effleurer ses
cheveux. Et puis n'y a-t-il pas à la Collégiale le
chef-d'œuvre peut-être du Ghirlandajo, une
vision de Santa Fina à laquelle apparaît un évêque
entouré d'anges ? La pauvre chambre où la jeune
sainte est couchée à terre, ravie en extase et joi-
gnant les mains, n'a guère pour meubles que deux
chaises de bois. Sur la table, un pain, un fiasco
fermé d'un linge et deux fruits entamés disent la
modestie du repas. Le mur tout blanc sert de fond
aux blanches coëffes en toile de deux femmes
qui regardent l'apparition avec leurs vieux visages
travaillés par la vie, une vie résignée et pure qui
accepte les grâces surnaturelles sans orgueil,
comme elle accepterait l'abandon d'en haut sans
révolte. Nul maître plus que celui-ci n'a pratiqué
d'instinct le profond précepte formulé par Millet
dans une de ses lettres : peindre dans les gens ce
qui dure, l'empreinte profonde du métier, et,
quant à l'action et au sentiment actuel, en montrer
juste ce que comporte ce métier. Précisément à
l'époque où le grand peintre exécutait cette
fresque fervente, Savonarole se préparait dans
cette même petite ville à sa mission de réforme
et de martyre. Ces souvenirs flottent pour moi

autour de cette cité lointaine que je sais si sombre et si rigide dans sa ruine, mais, dans la distance, elle prend sous la lumière un aspect féerique avec ses lignes d'une originale fantaisie et la magie de ses pierres qui brillent.

Un détour de route et, presque sans préparation, le paysage a changé. Les forêts de chênes apparaissent, et, dans l'intervalle, le sol qui a valu à la couleur d'un brun-rouge son nom de terre de Sienne. L'automne a touché les feuillages dont l'or roussi s'harmonise chaudement avec cette nuance ardente. Ce manteau de pourpre étendu sur les collines a comme frange, dans la vallée, les champs où les oliviers aux petits fruits noirs, les vignes vendangées et les mûriers déjà moins fournis, attestent l'approche de la Toscane heureuse après la Toscane aride. A Colle, la transition est finie. Là, dans une simple auberge de cette autre ville du Moyen-âge, et dans le décor habituel à ces sortes d'endroits où des images Garibaldiennes racontent indéfiniment l'épopée du *Risorgimento,* tandis que les chevaux se reposent, j'ouvre le livre compagnon de mon voyage. Tous les amants de l'Italie ne l'abordent jamais sans avoir à portée de la main

ce poème de Dante qui marque chaque coin de
ce pays d'un vers immortel. J'y retrouve l'histoire
de Sapia, la noble dame de Sienne, qui raconte
la défaite de ses concitoyens à cette place
même :

Eran i cittadin miei, presso a Colle...

(Purg. XIII, 115.)

Et elle ajoute que de voir la chasse donnée à ses
compatriotes, qu'elle détestait pour l'avoir bannie,
lui ravit le cœur d'une joie si folle, qu'elle s'écria
dans un élan de féroce triomphe : « Je ne crains
plus rien de Dieu. »

Gridando a Dio : « Omai più non ti temo, »
Come fe il merlo per poca bonaccia...

(Purg. XIII, 122-123.)

« Comme fait le merle pour un peu de beau
temps, » conclut-elle, trait naïf qui achève sur
une jolie impression de rusticité une tragique
histoire. — Toute la Toscane est là dedans avec
ses grâces d'idylle sauvage ou riante, et, à tous
les coins des routes, il traîne un souvenir de sang.

V

Sienne, le 25 octobre.

La nuit déjà tombée m'a empêché de revoir, comme j'aurais voulu, ce ruban de route qui va de Colle à Sienne à travers une forêt autrefois dangereuse. J'en aurais joui doublement, car je connais si bien tous les aspects divers de ce paysage pour m'y être indéfiniment promené en voiture, conduit par un cocher familier, dont j'ai déjà parlé, qui me citait *la Divine Comédie* à chaque minute et qui m'illustrait les couvents, les châteaux, les murs épars dans la vallée avec tous les souvenirs de l'histoire. Toujours les Espagnols réapparaissaient dans ces récits plus ou moins légendaires, tant a laissé de traces dans l'imagination des hommes de ce pays le siège formidable de 1554, durant lequel le plus implacable des généraux de Charles-Quint, le marquis de Marignan, tint la campagne. Un peu de sang français coula dans ces temps-là pour la défense de Sienne, où commandait notre Montluc. Le dur partisan a raconté cet épisode de sa vie dans ses *Commentaires*, d'un style aux arêtes si sèches, que la mâle énergie de cette prose ressemble par une sorte d'analogie mystérieuse à la silhouette même d'une place forte de cette contrée. C'est à des livres comme celui-là qu'il faut demander des lumières sur les passions à qui les murs d'une Volterra, d'une San Gimignano, d'une Colle, servirent de théâtre. De tels livres expliquent le passé de telles villes, qui aident, elles aussi, à comprendre de tels livres. Pour moi, je n'ai jamais pu me promener sur la place publique de Sienne que domine cette tour du *Mangia*, admirée par Léonard, sans me rappeler l'étonnante apparition de ce vieux Montluc, qui, mourant de fièvre et de blessures, entendit que le peuple voulait se rendre. Il se vêtit de son armure, et, le visage frotté de vin rouge pour dissimuler sa pâleur, à peine capable de se tenir, il courut prêcher la bataille à des affamés que son courage enleva encore. Des actions pareilles, cet atroce héros en fit par centaines, durant sa longue existence qui ne fut qu'une guerre. Puis il déshonora la plus pure gloire par son implacable férocité contre les protestants. Il ne semble pas d'ailleurs avoir gardé de ces carnages plus de souvenirs que les pierres de cette place du Campo n'en ont gardé de sa harangue, et il termine ses Mémoires par cette phrase de sérénité : « Il me ressouvenait toujours d'un prieuré assis dans les montagnes que j'avais vu autrefois, partie en Espagne, partie en France. J'avais fantaisie de me retirer là en repos. J'eusse vu la France et l'Espagne en même temps, et, si Dieu me prête vie, encore ne sais-je ce que ferai... »

Le charme des retours dans une ville que l'on connaît palais par palais, église par église, c'est d'y avoir trois ou quatre œuvres d'art qui vous sont des amies. On a la conscience tranquille avec les autres, cette conscience du touriste qui veut avoir tout vu de ce qu'indique le Guide, — et il n'a pas tort, car les voyages se recommencent rarement. — Mais quand ils se recommencent, c'est une si libre et si fine joie que d'oublier tout à fait ce Guide et d'aller à son gré aux rendez-vous de beauté où vous attendent ces œuvres aimées. Sienne, pour moi, la rouge ville, c'est la tour dont je parlais et l'image toujours ensorcelante du Vinci. C'est la terrasse du château et la vue sur l'immense campagne qui va vers Rome, et c'est, dans la *Libreria* du Dôme, les fresques si vives, si jeunes, après quatre cents ans, où le Pinturicchio a représenté dix scènes de la vie du pape Pie II, Æneas Silvius Piccolomini. — C'est enfin à l'Académie une Ève du Sodoma et un torse de Christ flagellé du même peintre. Je sais qu'il est à Sienne des centaines d'autres œuvres aussi importantes, sinon davantage, mais celles-là me remuent entre toutes de ce petit frisson particulier qui ne se discute pas plus que l'amour. Ailleurs nous jugeons, nous critiquons, nous analysons; ici nous sentons.

Que de visites déjà, depuis la première, j'ai faites à cette Bibliothèque du Dôme où le Pinturicchio a peint son chef-d'œuvre! Il touchait alors à ses cinquante ans, et, comme un brave artiste de la Renaissance, il avait multiplié les œuvres après les œuvres. Né à Pérouse et appelé le petit peintre à cause de sa taille, ou encore « le Sourd » à cause de son infirmité, il étudia sous le Pérugin, et, quand il vint à Sienne en 1504, il avait, de 1480 à 1484, décoré les murs de la

Sixtine, en 1485 peint les chapelles et la voûte du chœur de Santa-Maria-del-Popolo, puis décoré, de nouveau, pour Alexandre VI tout l'appartement Borgia, pour Innocent VIII les murs du Belvédère, ceux de la chapelle Buffalini à Sainte-Marie-d'Aracœli, d'autres églises encore. J'allais oublier son travail à Orvieto, et, une fois revenu dans sa patrie, les grandes fresques dans la cathédrale de Spello. Il faut joindre au catalogue de cette œuvre, qui nous paraît colossale, quoiqu'elle ne dépasse pas la moyenne ordinaire de la production à cette époque, une quantité de tableaux sur bois dont plusieurs furent attribués, pour la suavité de l'expression et la finesse de la manière, au Pérugin lui-même et à Raphaël. La seule idée d'une telle activité, si féconde, si hardie, si large, nous repose de l'énervement moderne et de cette recherche maladive où l'excès de l'application consciencieuse ne fait que déguiser l'impuissance. Sur ces murs de la Librairie de Sienne, pas une seule des innombrables figures évoquées en pied dans d'opulents édifices et de profonds paysages ne trahit la fatigue d'un esprit qui se tourmente, d'un œil qui se tend, d'une main qui s'acharne. Nulle part comme dans ces fresques, conservées claires et brillantes par un hasard d'exposition, je ne trouve ce que l'on devrait appeler le charme Shakespearien, tant le grand poète anglais en a imprégné ses chroniques et ses comédies romanesques. C'est la richesse mais fine, l'élégance mais unie au naturel, quelque chose d'à la fois très civilisé, de très aigu et cependant d'un peu sauvage. On y retrouve toute la poésie de la Renaissance, cette minute de floraison unique où la créature humaine semble avoir été si complète, entre le Moyen-âge qui fut le règne de la force trop forte et notre siècle où la culture confine sans cesse à la maladie. Les jeunes seigneurs de ces fresques, à cheval sur des bêtes d'un blanc presque rose avec des brides incrustées de pierreries, déploient tant de souplesse dans leur fière attitude, tant de luxe royal dans leur parure. Tant de pensée sérieuse et songeuse flotte dans leurs beaux yeux. Il circule dans le feuillage des arbres et autour des colonnes fuselées comme une atmosphère plus légèrement allègre et vitale. Les pompes d'église qui s'y trouvent évoquées à plusieurs reprises ont, à la fois, puisque c'est le tableau de la vie d'un Pontife, la magnificence d'une fête de cour, et, par l'expression des visages, la ferveur d'un scène de cloître. Des personnages aux teints basanés, aux costumes étranges y apparaissent, révélant cette vision romanesque de l'Orient, qui, par les Croisades et par Venise, a dû passer dans la rêverie des Italiens d'alors. Comme dans certains tableaux très primitifs, les ornements de métal, les harnachements des chevaux par exemple ou des portions entières d'armures, sont figurés par des reliefs d'une espèce de stuc colorié, et, quand le soleil entre par la fenêtre dans l'après-midi, il vient sur le mur du fond mettre un enchantement de lumière autour d'un jeune empereur, le prince vraiment de cette fête, qui marche vers sa fiancée, vêtu d'une robe verte et foulant des fleurs sous des éperons d'or. Un peu de la douce mélancolie Ombrienne se mélange pour l'attendrir à cette apothéose de la jeunesse et de la couleur. Les peintres de cette divine école d'Ombrie ont eu le don inexprimable qui fut celui de Virgile, le pathétique dans la grâce, cette volupté des larmes, cette langueur où il entre de la pitié et du songe : — une pitié presque impersonnelle, presque sans forme et sans cause précise, celle d'un être qui se plaint seulement d'être, un songe presque végétal, tant il ressemble à la résignation inefficace et tendre des immobiles fleurs. — Dans les tableaux de ces peintres, le plus souvent les personnages ne se parlent pas, ne se regardent pas, ne peuvent pas se regarder. Ils n'appartiennent pas au même monde. L'un est un ange, l'autre un saint, un troisième un guerrier vêtu d'une étrange cuirasse. Le drame et l'action réciproque sont impossibles de l'un à l'autre. Même dans ces fresques où il représente des scènes vivantes et d'une histoire contemporaine, le Pinturicchio est tout voisin de ce procédé si puissant dans son apparente gaucherie. Ces pages, ces princes, ces évêques, ces soldats sont à côté l'un de l'autre, plutôt qu'ils ne sont l'un avec l'autre. Ils ne semblent pas se connaître. On dirait que le peintre a de parti pris cherché à montrer non pas des actions, mais des états, et que la tragédie entre ces personnages se joue ailleurs, comme si chacun d'eux était l'instrument d'une volonté souveraine et mystérieuse. Cela donne à ces jeunes hommes ou à ces vieux prêtres, soutenus et portés ainsi par des forces différentes d'eux-mêmes, comme un air d'être, en effet, de belles fleurs humaines de l'arbre de la vie... Pauvre grand peintre! Qu'il est mort tristement et si peu d'années après avoir tendu sur ces vastes murs cette tapisserie enchantée! C'était en 1513; il venait de peindre le *Calvaire*, qui est maintenant dans la casa Borromeo, à Milan. Il tomba mortellement malade. Sa femme l'abandonna pour suivre un amant, et il passa ainsi, solitaire, désespéré, quelques-uns prétendent dénué de tout jusqu'à souffrir la faim, lui qui avait tant senti, tant rendu la beauté magnanime et douce, la joie de la lumière et la pitié caressante dont il fut privé!

VI

Sienne, le 26 octobre.

Je n'ai pas voulu gâter ma visite au Dôme par une impression d'une autre peinture. On prend trop peu garde, d'ordinaire, à ces brusques alternances d'une école avec une école différente, et d'un Idéal avec un autre Idéal. Avoir senti très fortement une peinture riche, libre et saine, même dans la grâce trop fine, comme celle de l'ami du Pérugin, c'est une mauvaise préparation pour goûter cette autre grâce morbide, presque décadente, et toute Vincienne, du mystérieux Sodoma. Aucun maître plus que celui-ci n'a souffert de cette détestable critique de racontars qui crée si vite une légende presque indestructible autour d'un nom, le plus souvent sur un caprice d'ignorance ou d'antipathie. Mérimée a dit un

jour qu'il n'aimait de l'histoire que les anecdotes.
J'imagine que ce grand nihiliste a entendu par
là signifier qu'il ne croyait absolument pas à
cette histoire. Quand on a soi-même eu l'occasion de fréquenter des hommes connus, on a
tôt fait de constater qu'en effet ces anecdotes
sont toutes fausses ou faussées. Les habiles s'ar-
rangent pour avoir des faussaires favorables.
C'est ce que l'on appelle d'habitude la gloire.
Le Sodoma, lui, n'eut pas cette adresse ou cette
fortune. Son malheur voulut que, dans un trop
célèbre livre, Vasari imprimât pêle-mêle à son
occasion tout ce qu'une humeur excentrique et
sans doute imprudente soulève de mauvais propos
autour d'un artiste. Aujourd'hui les historiens de
la peinture sont tout près d'admettre que Bazzi,
— c'était son nom véritable, — ne fut en aucune
manière le scélérat dépeint par son ennemi.
L'appellation infâme qui le flétrit dans sa gloire
paraît en outre mensongère. Il est probable que
le goût des vêtements singuliers, une grande sauvagerie de manières, l'orgueil du génie et peut-être
la dangereuse manie de se calomnier soi-même,
dont tant de grands hommes ont donné l'exemple,
commencèrent à décrier la réputation du peintre.
Fut-il, comme le Shakespeare des sonnets paraît

l'avoir été lui-même, un passionné d'amitié qui donna prise ainsi à d'indignes accusations? La recherche un peu maladive de son art contribua-t-elle à le discréditer en vertu du préjugé qui assimile si facilement la complexité à la corruption? Pour moi, qui ai étudié de bien près la vie et la personne de certains artistes très chers, j'ai acquis la certitude, contrairement au plus enraciné des préjugés, que le talent est toujours et sans aucune exception modelé à la ressemblance de l'âme. J'entends une certaine sorte de talent, celui qui ne réside ni dans l'habileté de la facture, ni dans la science profonde des effets, mais dans une transcription contagieuse de sensibilité. Les faits de la vie d'un homme sont si peu significatifs! L'apparence que nos actes dessinent de nous dans l'imagination des autres est si mensongère! Les connaissent-ils jamais exactement, ces actes, et, s'ils les connaissent, sont-ils capables d'en démêler les obscures racines? Leur disons-nous l'univers de pensées qui s'est remué en nous depuis que nous vivons, la parole que nous nous prononçons à nous-même, la tragédie secrète de nos espérances et de nos misères, les palpitations de notre personnalité blessée et de notre Idéal mutilé? Quelqu'un semble-t-il s'être plus confessé que certains poètes de nos jours, un Musset, un Heine, et rien ne reste plus énigmatique et plus impénétrable que ces deux figures ! Que dire de celui qui, n'ayant pas eu de mots à son service, n'a traduit son rêve intérieur que par des regards et par des sourires de Madones ou de Saintes, par le geste d'un Ange dans un coin de fresque, par une ligne de bouche, une ondulation de chevelure, l'arrangement de certaines scènes ? Quand ces regards et ces sourires, ces yeux et ces bouches, ces gestes et ces attitudes révèlent une délicatesse si souffrante et si passionnée, aucune biographie, fût-elle autrement documentée que les informes esquisses de Vasari, ne me ferait douter de l'âme qui s'est ainsi manifestée. Il n'y a qu'un vrai document sur un artiste, et indiscutable, c'est son œuvre, et c'est à elle qu'il serait juste de demander d'abord des renseignements sur l'homme plutôt qu'à la malveillance ou à l'inintelligence de témoins presque toujours envieux !

Quoique Bazzi soit né en Piémont et qu'il ait étudié à Milan sous la direction de Léonard, c'est à Sienne seulement que l'on peut bien apprécier tout son génie. Ses œuvres y abondent, très inégales. Il paraît, comme les artistes inquiets et dans lesquels les nerfs prédominent, avoir travaillé sans suite, ici finissant la fresque ou le tableau avec amour, là jetant sur la toile ou sur le mur une ébauche hâtivement brossée. S'il poursuit le même Idéal de raffinement et de mystère que notre grand Vinci, il ne lui ressemble en aucune manière par les lentes préparations, par la réflexion profonde, par cette étude à travers l'œuvre qui fait de cette dernière un moyen plutôt qu'un but, une étape d'un voyage intellectuel, l'occasion d'un progrès de pensée. Mais Bazzi manifeste, dans ses meilleures créations, une force de spontanéité un élan facile, un bonheur aisé de touche qui ravissent. Les peintures qui ont fait sa gloire depuis des années parmi les visiteurs de Sienne sont celles qu'il a consacrées à sainte Catherine et qui ornent les murs d'une sombre chapelle de San Domenico. Jamais peut-être le mysticisme avec ses douloureuses délices, avec ses extases et ses défaillances, ce qui fait la mélodie magique de *l'Imitation* et des prières de sainte Thérèse, n'a été traduit comme dans ces fresques où la stigmatisée est représentée en costume religieux, les mains trouées de blessures, les yeux noyés, pâmée de félicité devant l'apparition du Sauveur, entre les bras des nonnes qui la soutiennent. Mais si touchante que soit cette sainte Catherine, et sans que j'en puisse bien donner d'autre motif qu'un goût tout personnel pour un symbolisme plus flottant, moins nettement déterminé, je lui préfère le Christ flagellé et l'Ève de l'Académie. C'est donc vers eux que je m'acheminais ce matin par un jour froid et bleu, avec cette ferveur pour la Beauté, cette fièvre d'arriver tôt, ce rajeunissement de l'impression que l'Italie donne encore à ses fidèles. Le poète disait de Pétrarque :

J'irais à Rome à pied pour un sonnet de lui.

Je me répète ce vers en longeant les hauts palais et frôlé par les voitures qui courent si vite dans ces rues étroites et dallées. Voici la place en forme de fer à cheval et comme creusée à son centre, voici la rue Cavour et ses fontaines ornées de statues, voici la rue des Beaux-Arts toute en pente et qui dévale du côté de la Fonte Branda célébrée aussi par Dante :

Ma s'io vedessi qui l'anima trista
Di Guido, o d'Alessandro, o di lor frate,
Per Fonte Branda non darei la vista.

(Inf., XXX, 78.)

Et voici la porte du Musée, un petit Musée provincial qui fut surtout composé de peintures enlevées à des églises et à des couvents. Mais il
offre, comme celui de Pérouse, le rare intérêt
d'enfermer des tableaux d'une seule école et par
suite de donner cette forte impression d'unité
dans un même Idéal, qui est aussi la souveraine
poésie des cathédrales. Une galerie pareille, où
trente artistes, presque tous supérieurs, ont suspendu des tableaux si fraternellement semblables,
laisse tomber de ses murs un tel conseil pour un
moderne, — celui de faire son œuvre modeste-
ment, sans rien renier des maîtres dont il dérive,
sans prétendre à une nouveauté tapageuse. Si
nous la portons en nous, cette nouveauté, elle
éclatera d'elle-même par l'énergie de l'irrésistible
instinct, et, sa valeur, nous ne pouvons pas, nous
ne devons pas la savoir.

Mais je ne suis pas venu contempler de nouveau les sévères primitifs Siennois ni philosopher
sur l'antique discipline, d'autant plus que dans
une petite salle à droite j'aperçois le torse de
Jésus lié à la colonne, et je reconnais le coloris
ardent du Sodoma dans ce fragment de fresque
où il a réalisé le paradoxe de donner une spiri-

tualité à la souffrance physique. Ce buste, modelé avec une merveilleuse science d'anatomie, palpite d'une douleur qui pense. Ce qui s'exhale par la bouche ouverte du visage, par les yeux où flotte une ivresse, c'est la volupté mortelle du martyre. La couronne d'épines ne ceindrait pas ce front de ses pointes sanglantes que je reconnaîtrais le Christ, « mon Christ, » comme soupire avec un si tendre désespoir le Faust de l'Anglais Marlowe, à la splendeur de cette agonie. Et c'est le Christ encore qui, ressuscité maintenant et dans une fresque toute voisine, descend aux Limbes regardé par cette Ève dont la création suffirait seule à la gloire du maître. Il entre donc dans cette région des vagues ténèbres, le Seigneur, et, courbé vers les âmes, il les tire une à une de la nuit profonde. Quel est ce jeune homme étonné qu'il prend à lui d'une main si douce? Ah! si ce n'était Abel, l'enfant assassiné par le premier meurtrier, ni Adam, ni Ève, qui sont debout dans le coin, ne le regarderaient de ce regard. Le père tient ses bras croisés, mais rudement, comme un ouvrier bien las d'avoir tant gagné son pain à la sueur de son front. Ève croise ses bras aussi, des bras paresseux qui s'achèvent en des mains fines et inhabiles au labeur. La grâce de son jeune corps, ses cheveux épars sur ses molles épaules, son front et sa bouche sans un pli, l'ovale de ses joues sans une ride la montrent pareille à la Vierge qu'elle fut dans le jardin de l'Éden et avant le péché. Le Sauveur, en la ressuscitant, lui a rendu sa beauté première, mais non pas son âme d'alors, car ses yeux ne contempleraient pas ainsi le réveil de son fils Abel, si elle ne se souvenait pas de l'avoir tant pleuré, si elle ne songeai pas à l'autre, au coupable vers qui ce Sauveur ne se penchera jamais. Le ravissement d'une âme rachetée, la mélancolie de l'irréparable regret, l'étonnement du bonheur après tant de larmes, le sérieux du repentir après tant de responsabilités semblent flotter avec l'ombre des cheveux dénoués sur ce visage délicat et triste. — Je dis qu'ils semblent, n'ignorant pas les réserves faites par les esthéticiens d'aujourd'hui sur une interprétation toute sentimentale comme celle-ci, et qui prête aux peintres des idées qu'ils ne se sont pas formulées certes avec cette netteté. Mais pour les avoir pensées en peintres, ne les ont-ils pas pensées? Quand bien même celui-ci n'aurait voulu représenter dans cette figure où je démêle le trouble profond d'une Ève sauvée qu'une belle jeune femme nue dans une attitude de réserve pudique, pourquoi n'aurait-il pas mis dans cette figure plus qu'il n'a cru y mettre, du moment qu'elle peut suggérer à un passant ce qu'elle me suggère, et du moment surtout qu'il a choisi ce sujet plutôt qu'un autre? Pourquoi, reconnaissant dans toute action humaine une part d'inconscience et de destinée, n'admettrions-nous pas que le talent des grands artistes dépassait ce qu'ils en surent eux-mêmes? Et justement cette puissance d'exprimer naïvement de belles choses de soi qu'on ignore, n'est-ce pas la définition même du génie?

VII

Monte Oliveto, le 29 octobre.

J'écris ces lignes dans le plus étrange décor certes qu'un romancier parisien, souvent taquiné pour son goût du bibelot antique, de la peluche et des petites lampes anglaises à globes roses, puisse avoir autour de sa table de travail. C'est une chambre blanchie à la chaux, avec un carreau qui n'a pas été passé au rouge depuis des années. Une chambre ? Non, mais une cellule vide et par les fenêtres de laquelle s'aperçoit un pays sauvage, un chaos de mamelons nus, un déchirement de ravins plantés de cyprès, là du moins où les cyprès ont pu prendre racine, tant la terre argileuse et grise coule sous les pluies. Dans cette pièce qui m'abrite maintenant d'un orage glacé d'automne, les anciens abbés de la Congrégation Olivétaine attendaient, une fois leurs pouvoirs finis, le jugement de leurs frères. Magnifique et sombre symbole d'un autre jugement, sans appel celui-là et plus redoutable encore ! Aujourd'hui, l'immense couvent perdu dans cette thébaïde n'est plus qu'une bâtisse déserte. Cette abbaye, mère de tant d'autres, depuis cette année 1319 où le Siennois Bernard Tolomei se retira dans ce désert, n'est préservée de la ruine que par son cloître, auquel une décoration de Signorelli et du Sodoma a valu le titre de monument national. Des moines dont les robes blanches défilaient jadis le long des vastes corridors, trois ou quatre frères demeurent, en simple soutane, et gardés là par tolérance. Un vieil abbé, qui n'a plus même le droit de porter ce beau costume aux couleurs de la Vierge, veille, sous le titre d'intendant, à la conservation de l'édifice et des célèbres fresques. Il a dû, pour éviter l'établissement d'un hôtel plus ou moins cosmopolite aux portes du monastère, accepter la charge de donner une hospitalité de quelques jours aux visiteurs autorisés. Le couvent est bien pénible d'accès par ces mauvais chemins de montagne. Cinq heures de route le séparent de Sienne, et les deux dernières sont rudes. Les cellules sont bien froides, la vie bien sévère dans cette solitude d'un ravitaillement difficile. La poste, qu'un paysan apporte de San Giovanni d'Asso, un petit bourg distant de six milles, arrive, *weather permitting*, comme disent les annonces des paquebots. Aucune autre société que celle de l'abbé qui ne se montre guère qu'aux repas, tant le saint homme est occupé aux innombrables travaux de sa gestion. N'a-t-il pas affermé presque toutes les terres autour du vieux couvent? Le seul travail des moines les avait fertilisées, et, sans l'énergie directrice du survivant resté à son poste, elles retourneraient sans doute au désert, comme à l'époque où le bienheureux fondateur y vint faire pénitence avec ses deux compagnons, Ambroise Piccolomini et Patrice Patrizzi. Point de livres dans la bibliothèque, sinon les grands volumes reliés en parchemin des Pères de l'Église, qui n'ont guère de rapport avec ce que l'argot des journaux appelle pompeusement l'évolution littéraire. Pourtant ce n'est pas la première visite que je fais à cet ermitage et je voudrais que ce ne fût pas la dernière, tant j'en ai senti à deux reprises déjà la bienfaisante influence. Et voici qu'au lieu de redescendre au cloître où les deux grands peintres ont reproduit la légende de saint Benoît dans une suite de fresques gracieuses et tragiques, je me mets à chercher les raisons de cette bienfaisance et de l'attrait exercé sur moi par cet exil dans ce couvent abandonné. J'en crois voir quelques-unes d'assez générales pour mériter d'être notées, et je les écris en prenant pour pupitre un des *in-folios* de cette bibliothèque, sur lequel je viens de songer durant de longues heures, le Traité de saint Irénée contre les Gnostiques. Ah! Le merveilleux ouvrage de psychologie, à faire rentrer dans l'ombre tous nos pauvres Essais! Il témoigne combien les maladies de l'âme que nous croyons les plus nouvelles ont apparu, toujours les mêmes, à toutes les époques de crises morales. J'en marque en passant quelques exemples. Musset écrit dans *Rolla* sur la nature et les âmes d'élite :

> *Elle sait des secrets qui les font assez pures*
> *Pour que le monde entier ne les lui souille pas...*

Il entend ainsi justifier les expériences du mal tentées par certains êtres supérieurs, et déjà les Valentiniens disaient : « Il est impossible aux spirituels de se corrompre, quelles que soient leurs actions. » Nos analystes s'ingénient à démontrer la complexité changeante du moi, ce qu'un pauvre enfant auquel je ne saurais penser sans une telle émotion appelait « la dispersion infinitésimale du cœur, » et le Basilidien Isidore a écrit tout un Traité dont le titre se traduit à peu près ainsi : « Des greffes de l'âme. » Nos dilettantes affectent de mépriser toute affirmation et tout enseignement positif au nom d'une dialectique transcendantale, et ces mêmes Basilidiens se dérobaient au martyre sous le prétexte qu'un Sage, devant connaître les autres hommes et n'être pas connu d'eux, ne saurait, sans déchoir, proclamer sa doctrine en public. Carpocrate et son fils Épiphane prêchaient déjà l'étrange paradoxe qui fait le fond des *Fleurs du Mal* : l'Idéal rendu plus sensible par l'assouvissement de la chair et par la nostalgie, ce qu'ils appelaient, eux, plus hardiment, « la sainteté de la corruption. » L'auteur des *Poèmes barbares* a célébré dans son *Kaïn* le premier des révolutionnaires, et déjà les Kaïnites avaient, leur nom l'indique, salué dans le meurtrier d'Abel le libérateur des hommes, l'adversaire du démiurge, du Dieu injuste et qui, pouvant tout, a créé un monde mauvais. Quel iconoclaste, eut-il la fureur d'éloquence du grand poète Jean Richepin dans ses

Blasphèmes, a dépassé en négation ces hérésiarques qui poussèrent la haine de Jésus jusqu'à prendre pour livre sacré l'Évangile de Judas, l'apologie sacrilège de celui qui avait vendu le Sauveur, sous le prétexte de ce verset de saint Jean (XIII, 27) : « Et Jésus lui dit : Faites au plus tôt ce que vous avez à faire... »

L'orgueil de l'esprit aboutissant tour à tour au plus stérile des dilettantismes ou à la plus désespérée des révoltes, l'orgueil de la vie châtié par les égarements de la sensualité, — ce sont les deux grandes maladies de l'âme moderne et ses deux grands péchés. Le nihilisme est leur terme aujourd'hui comme il l'était alors. Ce vieux couvent, rouge parmi ses noirs cyprès, et qui dure depuis plusieurs siècles, enseigne un remède possible à ces misères, rien qu'en racontant ce que furent, tout au contraire, les âmes de ceux qui l'ont habité. Les inscriptions qui se lisent, de-ci de-là, sur ces murs, conseillent d'abord de croire, c'est-à-dire de s'humilier devant la cause inconnaissable du monde, d'accepter le mystère qui nous environne comme un mystère, de comprendre l'incompréhensible comme incompréhensible, suivant la fameuse formule du philosophe,

— mais avec la confiance que les douloureuses
ténèbres s'éclaireront un jour. Une résignation
qui espère, n'est-ce point, par-dessous les contra-
dictions des symboles et des dogmes, le fond
commun de toute piété? Et, accepter, ce n'est
pas seulement supporter sans se plaindre l'inévitable énigme du sort, c'est admettre aussi, et sans
révolte, les conditions données par ce sort, notre
milieu et le travail qu'il exige. Voilà encore un des
enseignements proclamés par cette vaste ferme
religieuse. Les cultures tentées autour d'elle, la
conquête d'un peu de verdure sur le plus aride
terrain, sur la molle argile sans cesse éboulée, les
savantes plantations et les bâtiments de dates
diverses révèlent l'industrie jamais lassée avec
laquelle les moines ont appliqué le précepte si
chrétien du peu chrétien Candide : « Il faut cul-
tiver notre jardin. » Un jardin, si pauvres soyons-
nous et si vaincus, ce juste sort nous en a donné
un à tous : c'est le métier où l'activité intelligente et soumise peut toujours espérer une moisson d'humbles fleurs, c'est les créatures qui nous
entourent et que nous pouvons toujours aider
à mieux valoir, à moins souffrir. Pour cela, —
les sages de toutes les doctrines l'ont dit et
redit, — il faut nous renoncer nous-même, et, ce

conseil d'effacement de notre personne, chaque pierre du couvent le donne avec les autres, plus encore que les autres. Dans cet immense édifice où tant d'êtres humains ont vécu, pensé, prié, médité, pleuré, lutté, douté peut-être, pas un signe qui trahisse le « moi » particulier, le petit univers indépendant dans l'univers que fut chacun de ces êtres. L'individu en eux s'était abdiqué, et, dans cette abdication, ils avaient trouvé la grande paix. Absorbés par une œuvre plus haute qu'eux-mêmes et dépris de tout intérêt séparé, ils ont passé sans qu'un nom surnage. Dans le cloître en bas, une grande pierre porte cette inscription d'un anonymat si simple et si éloquent : *Monachorum sepulcra*, et c'est tout. Passé? Non! Quelque chose demeure de ces âmes dans ces pierres qu'elles ont imprégnées de leur volonté d'abnégation. Je les sens vivre autour de moi dans ces cellules, toutes les mêmes, vides aujourd'hui de leurs habitants, — mais non pas de la pensée qui les construisit. Elles vivent ces âmes disparues, dans ce paysage semé de chapelles. Elles vivent dans mon hôte surtout qui veille à la conservation de son cher couvent, du fond de la pauvre chambre étroite où il entra comme novice, voici quarante ans passés, et qu'il n'a plus

quittée. Les sévères enseignements de cette sainte
demeure, je sais trop qu'ils ne peuvent être suivis
dans leur rigueur par un enfant du siècle en qui
les pires maladies de l'âge moderne ont laissé des
cicatrices toujours prêtes à se rouvrir. Mais quoi?
Les avoir écoutés, ne fût-ce qu'une heure, c'est
pour l'esprit troublé ce qu'est pour le corps
épuisé un séjour sur la montagne. Si court soit-il,
un peu de santé nous en reste toujours.

Et puis le pittoresque de ce couvent est si
particulier qu'il achève de donner au passage ici
un charme unique de contraste avec tout ce que
l'on a connu ailleurs. Je ne sais combien de
temps il me faudrait pour m'en blaser, mais, dès
le matin, et avant de se mettre à sa table pour
écrire, de voir au-dessus de la porte les fragments
d'une fresque du Sodoma retrouvés sous le badigeon de plâtre, n'est-ce pas, pour un amoureux
passionné de peinture religieuse, une sensation
ravissante, à lui faire oublier vingt petites misères
d'inconfort? L'abbé qui garde le monument n'a
pas fini de découvrir cette fresque. Sur un pan de
mur encore tout blanc, le hasard du nettoyage a
détaché juste assez de plâtre pour laisser voir le
menton, la bouche, le nez et les yeux, le sourire

enfin d'une Madone. La douce emprisonnée, immobile sous le linceul de plâtre dont une main
barbare l'avait revêtue, me regarde pendant que
j'écris ces lignes. Le tendre ovale du visage est
aussi délicat, aussi frais qu'au jour où le peintre
le copia, d'après son rêve, à cette même place, et
j'ai la joie de vivre avec ce gracieux fragment
d'une fresque inconnue, non plus comme dans
un Musée, en courant, mais à loisir et durant des
heures. Quand arrive l'instant des repas, une
vieille peinture encore domine la grande table
dressée dans le réfectoire des novices qui sert
maintenant de salle à manger aux voyageurs.
Dans les après-midi trop dures pour permettre la
sortie, quel incomparable promenoir que ce
cloître couvert et vitré, le long duquel ce même
Sodoma a exécuté vingt-six autres fresques et
huit Luca Signorelli! Tous deux y ont représenté
quantité de figures de moines, prenant comme
texte les naïfs épisodes de cette légende de saint
Benoît qui mêle les souvenirs de l'ultime décadence latine à ceux des barbares et de leur première approche. L'un, le Sodoma, avait vécu
beaucoup ici, et il s'est complu dans toutes sortes
de malices, comme de donner à des hérétiques
ou à des damnés le visage des Frères auxquels il

gardait rancune, comme de se portraiturer lui-même vêtu en chevalier de Malte, entouré de hérissons et de cochons d'Inde, ses animaux favoris. Visiblement les Frères qui lui ont servi de modèles avaient presque tous la naïve gaieté, la bonne humeur innocente et la candeur simple qui se rencontrent chez tant de personnes d'Église. Signorelli, au contraire, a vu surtout et copié le religieux paysan qui porte sabots, bêche la terre, maçonne des murs. Il évoque, à côté de lui, le reître du xve siècle, l'animal de guerre et de tueries, celui que Bourbon conduisit à Rome tout à côté par la route de la Maremme. C'est contre des bandes composées de ces aventuriers sans foi ni patrie que fut construit le bastion de forme florentine qui ferme la petite allée pavée de briques et encore intacte, par laquelle on accédait au couvent, entre la Pharmacie, l'Hôtellerie, le Vivier, le Four à pain, les Écuries. Car le monastère, perdu parmi ces montagnes farouches, entretenait autour de lui de quoi suffire à sa vie complète... Aujourd'hui l'eau est tarie dans le profond Vivier, le Fortin va tomber en ruine, l'Hôtellerie est fermée, les lézards courent en paix entre les pierres du Four à pain, l'Écurie n'abrite que les chevaux des passants, comme moi, attirés par le hasard de la route, par une curiosité d'artiste ou par leur amitié pour le vénérable abbé de Negro. Mais lui, le prêtre qui veille ainsi sur ces bâtiments morts et qu'il connut vivants, pas une plainte ne sort de sa bouche, pas un découragement ne ralentit ses soins. C'est une vision que je n'oublierai jamais que celle de ce vieillard au coucher du soleil, arrosant dans un étroit jardin, serré de murs, les plates-bandes des minuscules cyprès, destinés, quand ils auront grandi, à renforcer les plantations qui endiguent les éboulements du ravin. Je songeais que j'avais là devant moi comme une illustration allante et venante du vers si humain du poète :

Mes arrière-neveux me devront cet ombrage.

Ah ! puisse une époque venir, où ces Pères rentrés ici le lui doivent, en effet, ce paisible ombrage, — une époque où le mélancolique scepticisme dont nous souffrons ait du moins ce bienfait de la tolérance, le seul qui compense un peu sa misère morale ! Alors, en Italie comme en France, il sera permis à chacun de prier à sa manière ce Père inconnu que les Kabbalistes appelaient de ce nom magnifiquement familier « le Vieux des jours, » et ils ajoutaient cette phrase d'une infinie tristesse : « On ne peut le connaître, c'est un œil fermé. » — Heureux, même dans son couvent désert, même dans la proscription de son Ordre, mon vieil hôte qui, en arrosant des cyprès au crépuscule, répondrait avec son invincible certitude : « Non, mais c'est un œil qui nous suit, qui nous aime, et, quand nous faisons mal, il nous pleure ! »

VIII

Pienza, le 31 octobre.

J'ai pris le parti de faire de nouveau en voiture la route entre Monte Oliveto et Chiusi, — toute petite ville de la province de Pérouse aujourd'hui, autrefois une autre des douze grandes cités, ou Lucumonies, des Étrusques, — et je regrette déjà cette résolution. C'est une épreuve, ce voyage en voiture à laquelle devraient se soumettre ceux qui maudissent le prosaïsme des chemins de fer et leur banalité. Ils éprouveraient ce que j'éprouve, combien il est dur de devoir compter avec trois choses également ingouvernables : le temps qu'il fait, l'état des chaussées que l'on suit, et l'intelligence du cocher. Quand j'ai quitté l'hospitalier Monte Oliveto, le ciel livide

crevait en une de ces pluies à justifier l'hyperbo-
lique fantaisie du vieux Régnier :

Et des cieux déchirés tombait un tel degout
Que les chiens altérés pouvaient boire debout...

Les chevaux n'ont pas marché plus de deux
lieues qu'une des roues butte dans une ornière.
Une secousse fait tomber les livres et les cartes
que j'ai devant moi pour étudier consciencieuse-
ment la route. Je crois la chaise cassée, comme
on disait dans les romans galants du XVIIIe siècle.
Je me vois déjà abandonné, par ce déluge, dans
le désert détrempé qui s'étend entre le couvent
et le petit bourg de San Giovanni d'Asso. Ce
n'est heureusement qu'un des sabots qui a sauté,
le jeune conducteur ayant oublié de desserrer
à la montée le frein de sa voiture. Ce détail
me donne de ses talents une idée inquiétante
malgré la plume de coq arborée fièrement à son
chapeau de feutre. Cette étourderie a pour conséquence immédiate qu'il me faudra employer
deux fois plus de temps et gagner Pienza, qui
est ma première étape, en huit heures au lieu de
quatre,— tant ces montées et ces descentes de la
route sont en pentes rudes. Les cinq minutes
d'inévitable mauvaise humeur passées, je m'ef-

force de pratiquer le proverbe de notre pays qui semble le plus connu des Italiens, car ils le citent sans cesse : « A mauvais jeu, bonne mine. » C'est la rédaction qu'ils donnent à cette formule française de leur classique *si farà una combinazione*. La lenteur du véhicule me permet de graver plus profondément dans mes yeux cet étonnant paysage de mamelons crevassés, de *balze*, comme on appelle ici ces fissures profondes, soudainement ouvertes dans des terrains d'une composition si friable. Dieu! la sauvage, la triste contrée! De temps à autre une ferme s'aperçoit, mal entretenue malgré l'élégance de sa loggia. Des cyprès l'entourent, au pied desquels un semeur à mine farouche jette le grain par poignées dans le champ où les mottes retournées se fondent déjà presque en boue. Quand la rafale s'arrête, il pèse sur l'horizon un ciel redoutablement bas et plombé. Sur ce fond sinistre et menaçant, des montagnes se dessinent partout, chacune crêtée de sa petite ville forte. Une surtout, qu'un passant me nomme, Montalcino, est terrible à regarder avec la ligne de son château et celle de sa tour profilée sur ce firmament d'hiver, — noir sur noir. Elle me fait songer aux paysages que Dante évoque dans sa visite à la *Città di Dite* :

Quell' è il più basso luogo, ed il più oscuro.

(Inf., IX, 28.)

— Toujours la sensation des guerres d'autrefois s'impose, et celle de la bataille livrée de vallée à vallée, de colline à colline, de village à village. J'ai de nouveau un échantillon intact de ces temps tragiques à San Quirico, le premier village où la voiture s'arrête après l'insignifiant San Giovanni d'Asso. Encore ici le Moyen-âge apparaît, intact, sans qu'une trace de vie moderne ait modifié cette physionomie, sauf que les fossés à demi comblés font jardin autour des murailles et qu'aucun pont-levis ne défend l'entrée des portes. Mais l'église, une basilique du IXe siècle, dresse toujours les quatre colonnes de son portail, que des lions supportent et que couronnent des bêtes symboliques, crocodiles, oiseaux, taureaux, griffons; — mais les palais étalent toujours sur leur façade peinte les fastueux blasons des anciens cardinaux; — mais des rues dallées tournent toujours, aussi étroites, aussi sombres entre les maisons aux fenêtres grillées. Non, rien de tout cela n'a dû changer depuis le temps où sainte Catherine de Sienne fréquentait les bains de Vignoni dans le voisinage, — rien, pas même l'esprit des habitants qui s'amassent autour de la voiture pour regarder l'étranger avec des yeux qui, voici quarante ans seulement, n'auraient pas semblé très sûrs. Cette ancienne insécurité des routes est même la seule explication possible du temps qu'il a fallu aux historiens des mœurs pour reconnaître cette vérité formulée en premier lieu, je crois, par Stendhal, que les grandes cités italiennes n'ont jamais gêné les petites dans leur développement. Ces dernières valaient les autres par l'intensité de la vie locale, la splendeur de la décoration, le patriotisme militant et aussi, hélas! par les divisions intestines. Une Florence, une Pise, une Bologne ont eu plus de gloire. Mais elles n'étaient pas des centres plus vivants que ces pauvres communes éparses dans toute cette Toscane. La nature qui travaille dans le monde social d'après les mêmes procédés que dans le monde animal ou végétal s'est, ici comme partout, essayée à vingt épreuves presque pareilles, avant de parachever les deux ou trois créations supérieures qui demeurent les types accomplis de l'espèce. Même pour le passant d'une heure, ce sont des évidences écrites dans les pierres des moindres constructions municipales ou religieuses dont s'enorgueillissent toutes ces petites villes. Un voyage distribué en longs séjours ici et là pourrait seul découvrir le plus ou moins de permanence actuelle de cette vie locale. De quelle manière s'accomplit l'expérience d'entière unité administrative tentée pour la première fois depuis vingt ans après tant de siècles ? Tout l'avenir de l'Italie tient dans la réponse à cette question.

N'ayant heureusement pas à résoudre des problèmes aussi complexes de psychologie politique, je me contente d'évoquer de mon mieux, grâce au souvenir des fresques du Pinturicchio, les fiers seigneurs d'autrefois dans ce décor qui leur a survécu. C'est surtout dans Pienza, à quelques lieues plus loin, que cette évocation devient aisée. Cette ville, qui s'appelait autrefois Corsignano, doit justement son nom actuel à ce pape Pie II dont ces fresques de la Librairie du Dôme, à Sienne, m'ont illustré l'histoire. La pluie a cessé. La tombée du jour sous le ciel nuageux s'harmonise d'une façon saisissante avec la place de la Cathédrale, point central de la petite cité. A lui seul ce carré de terre, grand comme la moitié de la petite cour du Vieux Louvre, vaudrait le voyage, ramassant, comme il fait, autour de lui quatre édifices magnifiques du xve siècle : un palais Piccolomini d'abord, construit en pierres presque brutes, massives, noires comme le Strozzi de Florence. Des anneaux énormes et destinés à l'attache des chevaux sont appendus entre les fenêtres du rez-de-chaussée. A l'intérieur s'ouvre un *cortile* paré de colonnes dont les chapiteaux comme ciselés achèvent l'élégance. En face, l'évêché montre sa façade d'un joli style vénitien et les deux autres côtés de la place sont formés, l'un par la cathédrale d'une simplicité plus austère que ne sont d'habitude les brillantes églises toscanes, le dernier par le Municipe avec un campanile élancé et des arcades. Une fontaine de 1490, comme l'indique l'inscription, et qui se compose d'un rebord de puits entre deux piliers délicieusement ouvrés, décore cette petite place pavée de grandes dalles. Par l'interstice de la ruelle qui sépare le Dôme et le palais Piccolomini, les yeux découvrent l'immense vallée où l'Orcia coule vers l'Ombrone aux pieds des montagnes en ce moment blanches de neige. Cette place si grise sous ce ciel plombé, si durement enserrée d'architectures sèches, si dépourvue de végétation et qu'on dirait sculptée à même la pierre de la montagne, surprend le regard comme Sienne et Volterra, davantage peut-être; car il est plus manifeste que ces édifices ont servi, qu'ils furent bâtis, non pour la parade, mais pour l'emploi. Ils furent un luxe utile, c'est-à-dire, comme les poignées de dagues que fabriquaient les orfèvres à la même époque, un joyau nécessaire et peut-être terrible. L'âme du début de la Renaissance se révèle ici avec ses éléments composites, tant le sentiment du péril certain se mélange dans les trois constructions qui ne sont pas religieuses à celui de la beauté. On a trop cru, et Beyle en tête, que ces deux sentiments tiennent l'un à l'autre comme une cause à son effet. N'a-t-il pas écrit qu'il manque à l'âge moderne, pour avoir de très grands artistes, l'idée du danger permanent au coin de la rue? Il a été trompé justement par ce paradoxe de la Renaissance italienne. Combien de périodes aussi périlleuses de l'histoire, avec une égale initiative des particuliers et une prodigalité supérieure d'énergie n'ont produit que des bêtes de proie à face humaine? Le plus souvent, au contraire, l'habitude constante de l'action rend un homme impropre au talent d'artiste. Il est juste de dire que, si l'équilibre s'établit entre les deux tendances, le résultat est surprenant. L'homme se trouve prémuni alors contre le terrible défaut de dilettantisme. Il ose voir et vouloir, inventer et réaliser. La portion d'animalisme énergique nécessaire à la vitalité profonde de l'œuvre d'art n'est pas étouffée chez lui par l'abus de la pensée critique. Quelque chose de libre et de hardi circule dans ce qu'exécutent des mains qui ont tenu l'épée, et beaucoup de sculpteurs ou de peintres du XVe siècle en étaient là, quoiqu'il faille sur ce point encore se garder d'une conclusion trop générale. A côté d'un Cellini brutal et batailleur, que de Fra Angelicos épris de retraite et de silence, que de Benozzos Gozzolis uniquement occupés à une besogne de modestes ouvriers dans le même enclos de cimetière ou de couvent!

La nuit va tomber tout à fait. Je n'ai que le temps d'entrer dans la cathédrale si je veux donner encore un coup d'œil aux tableaux dont parle le Guide. L'ombre froide commence d'envahir la nef. Des chanoines psalmodient un office, assis dans les stalles du chœur. Des petites filles, rangées auprès du confessionnal et sur le point d'aller dire leurs innocents péchés, chuchotent en riant tout bas, et elles secouent leurs jolis visages, taches claires sur le fond obscur de l'église. Par bonheur, le vieux sacristain qui m'aborde pour me guider à travers les chapelles, porte dans ses traits une simplicité candide qui s'accorde avec cette calme impression d'une minute vraiment religieuse, et les tableaux qu'il me montre y ajoutent encore par leur sérénité mystique, étant des premiers peintres siennois, deux de Matteo, trois de Sano di Pietro, et le dernier, le plus beau, d'un maître moins connu, le Vecchietta, que Kugler et son traducteur et continuateur Sir Henry Layard, traitent durement dans leur excellent ouvrage. Mais ont-ils vu cette Assomption, cette Vierge en robe d'or, enlevée sur un fond d'or, dans cette guirlande d'anges, vêtus d'or, qui accompagnent d'une céleste musique ce triomphe de la mère de Dieu ? Le Beato n'a pas trouvé de visages plus sublimes pour la pureté, la fierté triste, l'au-delà sérieux, et pourtant que ces visages restent jeunes, transparents de fraîcheur et de grâce naïve ! Comme il fait presque noir, le sacristain vient d'allumer un petit cierge d'ex-voto, et, debout sur l'autel, sa main de vieillard, un peu tremblante, promène contre le tableau cette incertaine et faible clarté qui, l'un après l'autre, illumine les ors comme fluides, à la fois pâles et étincelants, des robes des anges. Leurs doigts longs apparaissent, posés sur

des instruments de Paradis, leurs étroites poitrines,
puis leurs yeux songeurs et la fleur mélancolique
de leurs bouches, puis l'or comme solide qui sert
de fond au visage de la Madone, levé humblement dans une attitude d'acceptation si touchante.
Oui, humblement, elle monte vers ce Fils qui,
l'ayant bénie entre toutes les femmes, lui a aussi
mis dans le cœur sept glaives douloureux et qui
la prend enfin auprès de lui dans l'éternelle
gloire. C'est une magie que la promenade de la
petite flamme évocatrice le long de cette peinture
sacrée qui prendra place dans mon souvenir à
côté de celle du couvent des Frères Mineurs à
Volterra, et je me répète, en la quittant, ces
quatre vers du poète Lafenestre qui, parlant de
son âme de jeune homme dispersée à travers d'innombrables sensations, soupire si tendrement :

> *Dans les églises d'Italie*
> *Combien de ses lambeaux épars*
> *Traînent sur les lèvres pâlies*
> *Des Madones au long regard !...*

Ah! la jolie et juste définition de ces yeux qui
vous suivent longuement, en effet, du fond de
leur chapelle perdue, à travers la vie, et ils vous
donnent la nostalgie d'un cœur pareil à celui que

les vieux peintres laissent deviner derrière ces prunelles : capable de toutes les puretés et de toutes les tendresses à travers toutes les souffrances !

IX

Montepulciano, le 1ᵉʳ novembre.

La route de Pienza à Montepulciano marque
un retour dans la Toscane boisée après la sorte
de lande grise et nue que la voiture a traversée
pour ainsi dire continûment depuis Sienne. Les
chênes roux reparaissent sur les collines. Il fait
un ciel mi-partie, comme les costumes des personnages dans les fresques, avec une grande
moitié toute voilée de pluie et une moitié bleue,
pleine de soleil, et c'est toujours autour de moi
ce charme mi-partie aussi, gracieux tout ensemble
et tragique, du Moyen-âge italien. Je continue à
voir par-dessus ces bois la menace de nouveaux
villages crénelés. Sur les hauteurs moindres, jau
nissent des villas à tournure de châteaux vers

lesquelles conduisent de grandes allées de cyprès, qui, de loin, semblent une fantastique armée de noirs pèlerins. Et comme si la nature, artiste elle-même dans ce pays d'artistes, avait voulu sur cet extrême bord de la Toscane résumer toutes les impressions des guerres anciennes en une seule, une ville se détache sur l'espèce de cap auquel aboutit l'ondulation immense des coteaux. C'est Montepulciano, véritable bijou de guerre d'une joliesse féroce, serti dans ses remparts d'un dessin net comme un relief de géométrie et que contourne la route. Mais, par delà cette place forte, un paysage se développe tout en plaine, et par delà encore une autre ligne de montagnes lointaines, doucement, tendrement voilées d'une brume violette qui s'échappe des trois lacs, — bleuâtres et mystérieuses opales dont cette énorme vallée est comme incrustée. Leur eau vaporeuse semble dormir par cette matinée d'automne d'un sommeil de beaux yeux extasiés. Le plus grand des trois porte cependant un nom tragique, — Trasimène. Mais pour moi, et la vallée et les trois lacs et les montagnes violettes, c'est l'Ombrie, — l'Ombrie, le coin du monde qui vit éclore le rêve d'art le plus touchant, le plus amoureusement mystique et humain à la fois, et le souvenir du Pérugin efface dans mon imagination celui d'Hannibal!

La voiture a passé sous une longue voûte, et, si habitués que soient mes yeux depuis ces quelques jours à de sèches visions d'architecture, je reste saisi de ce nouveau défilé entre des palais, qui s'appelle la Grande-Rue de cette petite ville. Les blasons ici et là sont bien arrachés, des magasins installés au rez-de-chaussée, plus loin une *drogheria,* plus loin un café, ailleurs un office de lotto où des barbiers, des domestiques et des paysans vont jouer, d'après leurs rêves ou ceux de leurs patrons, quelques numéros *graziossimi* ou *simpaticissimi,* comme ils disent. Du linge est bien appendu aux fenêtres, et, parmi ces fenêtres, quelques-unes sont murées; d'autres cruellement dégradées par l'abandon... N'importe, la magnificence de la vie d'autrefois éclate aussi forte qu'à Sienne, et cette patrie d'Ange Politien convient vraiment aux souvenirs de splendide existence qu'évoque le nom du favori de Laurent. Je compte plus de cinquante de ces palais avant d'arriver à l'auberge, laquelle, installée, elle aussi, dans un ancien palais, — ô ironie des décadences, — porte le nom du Marzocco, du lion symbolique de Florence, et la bête du glorieux blason se dresse en effet sur une colonne, rappelant l'ancien asservissement auquel la grande République a fini par réduire la petite.

Que j'ouvre ici une parenthèse pour protester contre le préjugé trop répandu et grâce auquel tant de voyageurs hésitent à s'aventurer dans les petites villes Italiennes, à savoir qu'une fois épuisée la liste des grands hôtels on ne trouve dans la péninsule ni à se loger ni à se nourrir. La vérité est que nul pays peut-être n'offre plus que celui-ci de différence entre les maisons du premier ordre et celles du second. Un faux grand hôtel Italien est ce que l'on peut imaginer de plus haïssable, de mieux organisé pour une exploitation de l'étranger, que rien ne compense. En revanche la bonhomie de la *Locanda* provinciale que fréquentent des officiers, des ingénieurs, des avocats en tournée est une des choses les plus exquises que j'aie rencontrées dans aucun pays. A Volterra, à Colle, à Sienne, à Pienza, sur la Rivière à Rapallo, avant de m'abandonner décidément à ce qu'un humoriste de mes amis appelle le *Trippisme,* du mot Anglais *Trip,* — avec la devise : « Frère, il faut partir, » — j'ai trouvé partout

la même maison, meublée sans luxe, mais propre,
tenue par une seule famille. Le père fait la cuisine;
la fille sert à table, une sœur garde le comptoir,
la mère et la cousine s'occupent des chambres.
Une simple et cordiale atmosphère bourgeoise
règne dans la demeure. Pas de table d'hôte, mais
on vous apporte à regarder le perdreau, les
grives, les alouettes, le rouget, les champignons,
les foies de volaille, les truffes blanches qui ser-
viront à votre repas. Aucune carte des vins ne
traîne dans le restaurant, chargée des divers
Château-Poisons qui déshonoreraient pour toujours le Bordelais, s'il n'était démontré qu'il n'y
entre pas une seule grappe d'un seul raisin de
Bordeaux. En revanche, tous, dans la maison,
depuis l'hôte de passage jusqu'au faquin de
service, boivent du véritable vin de pays, et celui
de Montepulciano a cet arome de fleurs qui
rendait si chers au sobre Balzac certains crus de
sa Touraine. Dans ces auberges perdues vous ne
rencontrerez aucun journal gallophobe, aucune
allusion à la politique contemporaine et à ses
subtilités. La vieille communion du sang latin se
retrouve dans la sympathie avec laquelle ces gens
vous servent, prêts à vous conduire eux-mêmes
à travers les curiosités de leur ville, soucieux

d'assurer par des billets de recommandation la
suite de votre voyage, enfin une grâce d'accueil
capable de vous faire oublier que les cheminées
fument, que les tapis, du feutre le moins tramé,
ne vont pas jusqu'au bout du carreau, que les
fenêtres ne joignent pas toujours. Mais si le ciel
est redevenu beau, que vous importe?

Que vous importe surtout, si la rue est un enchantement? Et toutes celles de Montepulciano
ont cette fascination mélancolique et puissante
du passé. C'est la veille de la fête des Morts, et
ce ciel voilé de la Toussaint s'harmonise par une
si étrange correspondance avec cette cité de
jadis, comme aussi les idées suscitées par cette
fête, la plus touchante peut-être de toutes, et, à
coup sûr, la plus humaine, la plus conforme aux
besoins invincibles du cœur. Cette solidarité
entre les vivants et les morts qui fait que les
bienheureux ont mérité pour nous et que nous
pouvons, nous, mériter pour nos chers absents,
comment n'en pas sentir la profonde poésie dans
ce décor où palpite encore, pour nous exalter, la
pensée des générations éteintes? Sans doute, ces
hommes d'il y a plusieurs siècles ont cru construire ces palais pour eux, pour leur famille. A

peine les virent-ils achevés. Elle est si courte, la durée du temps donné à chacun pour réaliser même le projet d'une maison. Combien survivent de leur race, et ces descendants vivent-ils ici? — Non. C'est pour nous que ces disparus ont bâti ces demeures, pour nous qui, passant sous leurs balcons vides, rêvons d'héroïques existences et d'élégantes fantaisies. C'est pour nous qu'ils défendirent leur ville et qu'ils lui assurèrent de quoi avoir ces joyaux de toute commune un peu fière, un Municipe, un Dôme. De ces deux monuments, le premier seul ici fut terminé. La pauvre Cathédrale, elle, dresse sur la place une façade tronquée, triste mur de briques rouges qui attend son revêtement de marbre. C'est toujours le beau vers du plus Italien des poètes, de ce Virgile qui semble avoir, dans sa tendresse intime, senti une plainte s'exhaler partout de cette terre où, de son temps, il y avait déjà trop d'histoire, trop de ruines, — c'est le mélancolique :

> ... *pendent opera interrupta...*

L'intérieur non plus n'a pas été enrichi comme d'habitude par la profusion d'œuvres d'art qui attestent les triomphes politiques d'une cité.

Pourtant ce monument ne serait pas digne d'être en Toscane s'il n'enfermait quelque splendeur incomparable. Il s'y trouve, en effet, deux statues qui à elles seules suffiraient à la gloire d'un artiste. Elles ne sont, cependant, que les débris d'un tombeau construit, vers 1428, par Michelozzo Michelozzi, un élève de Donatello, pour Aragazzi, le secrétaire du pape Martin V. La tradition veut que le maître florentin en personne ait travaillé à cette sépulture qu'un vandalisme inexplicable a dispersée dans l'intérieur de l'église. Deux des bas-reliefs ont été brutalement encaissés dans les piliers de l'entrée. Le grand cercueil de marbre sur lequel on voit couchée la statue du mort a été placé entre les deux portes, un autre bas-relief près du maître-autel, et, aux deux côtés de ce même autel, se dressent les statues qui se faisaient pendant près du sarcophage. L'une représente la Foi. C'est une femme résignée et douce qui tient un flambeau dans sa main. Elle semble sourire à la mort, puisqu'elle sourit sur un tombeau, avec la grande paix dans son cœur dont parle le Livre : « Je vous laisse la paix, je vous donne ma paix, je ne vous la donne pas comme le monde la donne... » L'autre statue est celle d'une femme aussi, aux traits durs, à la chevelure courte et bouclée. Elle serre dans ses bras un encrier. Sans doute sa main a laissé tomber la plume avec laquelle, froidement, elle se préparait à noter une observation. Pas une ride ne défigure son visage, convulsé pourtant d'angoisse; mais sur ce front, autour de ces lèvres encore jeunes, il n'apparaît pas non plus une seule fraîcheur de traits qui permette de croire à la possibilité d'une sensation heureuse, à l'habitude d'un laisser-aller. Toute l'irrémédiable tristesse d'une grande force impuissante se lit sur cette face dont la beauté avait pourtant vaincu la vie, et c'est la Science, prise d'épouvante devant l'invincible énigme. Jusqu'à cette heure, on le sent, elle a si altièrement suivi sa route, qu'arrêtée en présence d'un problème à jamais insoluble elle ne se rend pas encore. Mais tout son être se crispe, ses yeux ne pleurent pas, sa bouche ne gémit pas, seulement elle ne peut plus bouger, fascinée par un spectacle qui confond sa raison sans qu'elle le nie, stupéfiée de ce qu'elle comprend et ne comprend pas. Le mélange de réalisme et d'Idéal tourmenté qui se lit sur ce visage, l'âpre sécheresse de facture avec laquelle toute la statue est traitée et son intensité d'expression transforment cette œuvre, conçue en pleine Renaissance, en une illustration anticipée d'un poème de Poe ou de Baudelaire. Cette créature est si touchante à la fois et si sèche, si désespérément malade et brisée, et pourtant l'orgueil en elle corrompt la douleur. Cet orgueil empêche, il empêchera toujours que la tristesse ne devienne l'élément de salut et de révélation. Cette âme angoissée souffrira indéfiniment sans rien faire qu'ajouter la souffrance à la souffrance, comme les ténèbres s'ajoutent aux ténèbres et dans une nuit qui n'aura pas d'aurore... Je suis sûr que les galeries et les églises de Montepulciano recèlent bien des tableaux et bien des sculptures dignes d'être examinés après celle-là ; mais c'est un grand principe en voyage, de rester sur une sensation d'extrême beauté quand on l'a rencontrée. Aussi n'ai-je plus voulu voir aucune autre œuvre d'art, et la dernière des cités Toscanes que j'aurai visitées demeurera, dans mon souvenir, comme une vision de vieux palais autour d'une cathédrale où frémit à jamais ce marbre de la Science impuissante, et, derrière cette cathédrale, se développe une terrasse d'où l'on voit l'Ombrie, la province de François d'Assise, du saint moine qui a eu la foi heureuse.

X

Chiusi, le 2 novembre.

La descente de Montepulciano à Chiusi, c'est bien celle de la rude Toscane vers cette tendre Ombrie, une douce approche d'une profonde vallée, rendue plus douce durant cette matinée du jour des Morts par le ciel enfin lavé de ses nuages. L'impression nette et dure de la chose entière, qui se retrouve partout en Toscane, cède ici la place à la sensation du vague contour. La vapeur montée des petits lacs de Montepulciano et de Chiusi se mêle au brouillard qui flotte là-bas sur le Trasimène, et cela fait un voile de vapeur comme posé par des mains de fées sur les vastes chesnaies touchées d'or, sur les oliviers bleuâtres, sur les vignes rougissantes, sur les grandes feuilles lustrées des eucalyptus. Ces

derniers arbres racontent le drame de ce pays :
la lutte contre les fièvres émanées des eaux sta-
gnantes. Tous les bords de ces lacs sont mangés de
marais pestilentiels, et déjà les teints des femmes
et des enfants se font plus pâles, les yeux luisent
d'un éclat presque maladif. Par places, de petites forêts d'ajoncs frémissent au vent, des moutons paissent auprès. Cette vision d'idylle dans
cette atmosphère déjà dangereuse me prépare
sans doute aux tableaux que je rencontrerai dans
cette Grande-Grèce vers laquelle je m'achemine
lentement, et encore trop vite ! Car il n'y a pas
un coin dans la contrée que je traverse maintenant qui ne méritât des jours et des jours d'étude.
Les quelques heures que j'y passe ne servent
qu'à me convaincre des prodigieuses richesses
dispersées sur cette terre classique dont on ne
soupçonne rien, même après y être venu, comme
j'ai fait, non pas une fois, mais dix, mais quinze.
Et je songe déjà : quand y reviendrai-je encore ?

Cette Chiusi, par exemple, à laquelle je n'aurai donné que cette après-midi, l'antique Clusium
du roi Porsenna, ne mérite-t-elle pas à elle seule
un long séjour ? Elle garde ses murs du Moyen-
âge, comme Volterra, et reliés aussi à des murs

étrusques. Comme Volterra, elle possède un musée, — mal ordonné parce qu'il a manqué l'initiative de l'amateur intelligent; mais il s'y trouve des urnes funéraires d'un intérêt capital, témoin celle dont M. Jules Martha donne la description dans un livre si clair et si nourri *, et qui représente exactement l'habitation privée des anciens habitants de cette terre : une maison de forme rectangulaire avec quatre auvents inclinés vers l'extérieur, et, au sommet, une ouverture pour la fumée. Chiusi a surtout ses tombeaux, en plus grand nombre que ceux de Volterra, et, parmi eux, celui dit de la Scimia, ou du Singe, contient des peintures d'une conservation singulière. Je m'achemine vers ce *dépôt*, — c'est le mot officiel, — conduit par un vieil homme de soixante-dix ans. Depuis combien de ces années ce guide fait-il le métier de montrer ainsi les asiles profanés de ces morts qu'il ira rejoindre bientôt? Il faut marcher à travers champs, ou suivre des sentiers qui escaladent des collines et dévalent dans des vallées, d'une terre argileuse, détrempée par les pluies de ces derniers jours. Mais que le paysage d'automne se fait de nouveau joli et

* *L'Archéologie Étrusque et Romaine,* par J. Martha (1 vol. chez Quantin).

presque caressant autour de cette promenade!
Ce ne sont que chênes encore, dorés et roussis,
que verts genévriers chargés de leurs baies
noires. Sans cesse, à l'horizon, tremble le lac de
Chiusi, goutte d'eau qui luit de ce bel éclat dor-
mant et pâle que prennent les étangs sous des
cieux voilés. Je rencontre en route deux enfants
qui chassent au rouge-gorge avec une chouette
et des bâtons enduits de glu. Ils ont disposé ces
bâtons au bord d'un fourré, puis planté en terre,
à quelque distance, un pieu couronné d'une
espèce de pelote noire. La chouette, attachée à
ce pieu, volète tout autour. L'enfant couché à
terre imite des cris d'oiseaux, et les rouges-
gorges, voyant cette chouette sauter de-ci et delà et entendant ces cris, s'approchent par curiosité, puis se laissent prendre aux bâtons. Ce jeu
cruel, et qui doit remonter aux temps primitifs,
emprunte un charme de poésie étrange à ce
paysage et à cette heure. On imagine qu'un Mé-
libée ou un Daphnis se préparaient de la sorte à
faire un cadeau précieux à une Amaryllis ou à une
Néère dans les jours où Théocrite et Virgile
transfiguraient en Bucoliques les jeux grossiers
du village. Les deux enfants, d'ailleurs, en véri-
tables fils d'un pays de curiosités, calculent aus-

sitôt que la chasse au pourboire surpassera en profit celle au rouge-gorge. Les voici donc à ramasser leurs bâtons, à emprisonner leur chouette dans un panier, et ils se mettent à suivre le vieux guide jusqu'aux tombeaux, prêts à gagner les quelques sous, objet de leur convoitise, par toutes sortes d'actions de mouches du coche : telles que de précéder le voyageur sur un chemin déjà frayé, telles que d'allumer d'inutiles bouts de bougie égarés on ne sait comment dans leurs poches lorsque le guide tient lui-même une torche, telles enfin que de commenter à leur manière les peintures murales, appelant du nom d'anges, par exemple, les génies ailés de la mystérieuse théogonie étrusque. Et c'est par un travail semblable d'imagination pourtant, que se sont élaborées tant de belles légendes populaires !

Pour pénétrer jusqu'au dépôt, il faut encore descendre, comme à Volterra, dans une cave creusée en plein tuf à une profondeur de trente marches environ sous le sol et divisée en quatre compartiments. Ici les morts paraissent avoir été ensevelis non pas une fois réduits en cendres et dans des urnes, mais entiers et posés sur des espèces de lits au-dessus desquels la flamme de la torche me montre aussitôt des peintures intactes. Parmi elles grimace le singe qui donne son nom à ce tertre funèbre. Ces figures, coloriées en rouge, se détachent claires sur un fond sombre, sans relief et sans modelé, mais avec une précision déjà remarquable des contours. Elles représentent des jeux, vraisemblablement ceux dont s'accompagnaient les funérailles. Continuant de me donner un modèle de naïve interprétation, le vieux guide, au plus grand intérêt des deux petits oiseleurs, m'assure que c'était là le tombeau d'une famille de saltimbanques. Les sujets traités expliquent comment une pareille idée a pu lui venir. C'est d'abord un homme assis de côté sur un cheval et qui se prépare à s'élancer sur la croupe d'un autre. C'est une femme à demi étendue sur une chaise, son ombrelle à la main, et elle regarde deux lutteurs qui vont s'étreindre. C'est un adolescent qui tend une baguette devant un enfant pour que ce dernier la franchisse, des gladiateurs, un char attelé de chevaux, enfin, les scènes qui nous paraissent, à nous autres modernes, les moins propres à décorer un tombeau. Aussi ne puis-je éprouver ici cette sensation du mystère qui

m'avait saisi devant les urnes de l'antique Velathri. Il en est de même presque chaque fois que
nous nous trouvons non plus devant la face des
mythes, mais devant les cérémonies des anciens.
Nous ne pouvons guère les comprendre dans
leur réalité concrète, tandis que le fond humain
de leur rêverie religieuse nous permet encore de
communiquer avec eux à travers les différences
de dogmes et de mœurs.

J'étais donc demeuré curieux et indifférent
dans cette visite, au lieu que j'ai retrouvé mon
émotion de Volterra, et plus forte, à visiter,
presque immédiatement au sortir du dépôt
Étrusque, de petites catacombes, — Chrétiennes
celles-là, et qui se développent dans un autre
souterrain. La différence d'époques n'est cependant pas très grande. Les livres spéciaux, en
effet, placent toutes les fresques Étrusques entre
le ve et le iiie siècle avant notre âge. D'autre
part, on classe les catacombes de Chiusi parmi
celles des tout premiers temps du Christianisme.
Cela ne ferait qu'une distance de quatre cents années au plus, peut-être moins, et c'est deux mondes.
L'entrée, aujourd'hui fermée d'une grille, est à
peine visible. Au bas d'une montagne, l'on aper-

çoit les longs corridors creusés dans les soubassements de la colline. Ils se déroulent entre des tombeaux dont les pierres disjointes laissent voir des fragments d'os. L'autel, dès l'abord, donne à ce réduit pieux une physionomie déjà d'église, de crypte romane. Tout à l'heure il n'y avait en moi que curiosité. Je ne peux me défendre maintenant d'un respect troublé. Ces reliques qui reposent le long de ces galeries sont parfois désignées par une épitaphe latine. Le plus souvent elles restent anonymes. Mais je sais qu'elles appartinrent à des hommes qui, vivants, pensèrent au salut de leur âme. C'est pour assurer ce salut qu'ils risquaient leur vie en venant assister, malgré les lois, aux cérémonies de leur culte dans cette cachette pieuse. C'est parce que beaucoup de leurs semblables pensèrent et sentirent comme eux que le Christianisme a triomphé. Pour une part, si petite soit-elle, chacun d'eux a contribué à la création d'un Idéal en dehors duquel, même aujourd'hui, il n'y a que ténèbres, doute et douleur. Quand on songe à quelle profondeur cette religion s'est infiltrée dans notre sensibilité, et combien notre art moderne en reste imprégné quoi qu'il fasse, comment ne pas être remué par l'idée que voici les ouvriers de la première heure, ceux dans l'être obscur desquels s'élaborait la croyance qui plus tard a seule rendu possibles un Dante, un Michel-Ange, un Pascal, un Gœthe même, — car *Faust* existerait-il sans le Christianisme? — un Henri Heine, puisque son chef-d'œuvre est ce poème mystique du *Pèlerinage à Kevlaar*. Pour une part infiniment faible, mais une part tout de même, une catacombe misérable et abandonnée, comme celle-ci, compte dans cette métamorphose de l'univers moral. Je vois en elle une des graines qui, enfouies sous le sol, levèrent plus tard pour une splendide moisson de cathédrales, comme celle de Sienne que je visitais l'autre semaine, comme celle d'Orvieto que je revisiterai dans quelques jours. Sous cette voûte obscure je sens frémir cette germination prodigieuse de l'histoire qui relie les humbles, les simples commencements aux magnificences des triomphes, et qui, seule, ennoblit le succès en faisant de sa pompe le couronnement glorieux des bonnes volontés inconnues. Tout à l'heure je trouvais naturelles les plaisanteries des petits garçons et leurs gambades. A présent, elles me choqueraient, et mon guide, tout grossier soit-il, sent comme moi, car un des enfants ayant voulu prendre un des os visibles entre les fentes des pierres, le vieillard empéche ce qui serait ici un sacrilège. Obscurément, vaguement, il éprouve, lui aussi, cette impression, que ce sont là, non seulement des morts, mais nos morts, et il a raison, puisque notre âme, à quelque degré que ce soit, vit encore un peu de l'âme qui soutenait autrefois ces pauvres débris.

XI

Città della Pieve, le 3 novembre.

Je n'ai pas résisté au désir de faire un crochet
jusqu'à la petite ville de montagnes d'où je date
aujourd'hui ces notes, par religion pour le grand
peintre qui naquit ici en 1446, Pietro Vannucci,
plus connu sous un autre nom ; car, au lieu d'illus-
trer sa ville natale, il emprunta son glorieux titre
de Pérugin à Pérouse où se trouvent, il est vrai,
ses chefs-d'œuvre. J'ai à plusieurs reprises éprouvé
le charme d'intimité peut-être un peu imaginaire
que donne un contact même passager avec les
paysages où naquit et grandit un artiste que l'on
aime. Tout enfant et quand ses yeux de futur
dessinateur s'ouvraient à la sensation des formes
et des couleurs, voici les horizons qu'il regardait,
la nuance d'atmosphère dont il s'imprégnait, le

poème de beauté visible dont il subissait l'enchantement. Je me souviens qu'il y a trois ans, je traversais ainsi en voiture la portion des Alpes de Cadore qui fut la patrie de Titien. Les profondes et luxuriantes vallées, les lointains bleus, la somptuosité du paysage à demi méridional, à demi alpestre, tout m'expliquait la vision du grand Vénitien et son rêve de nature. C'est qu'elle n'a pas changé, cette nature, parmi l'universelle métamorphose des costumes, des édifices et des âmes. Ni les lignes rudes ou douces des montagnes, ni le coloris violet des lacs lointains n'ont pu être altérés, ni le type des habitants. Je ne suis que depuis quelques heures dans cette Città della Pieve, et j'ai déjà pu constater combien presque toutes les femmes qui vont, foulant de leurs gros souliers les vieilles rues au pavé inégal, gardent dans leurs prunelles sombres, dans leurs visages ronds et graves, dans leurs bouches fermées d'un pli sérieux, un peu de la grâce péruginesque. — Il faut bien créer le mot, tant la chose est unique. — Dans l'auberge, où l'on me sert, suivant l'invariable programme de la saison, les grosses grives rôties et noires de genièvre, le garçon prend, pour apporter les plats, des yeux et des airs de tête dignes d'un Saint Sébastien de fresque, et le patron pourrait servir de modèle à un saint Jérôme au désert, avec la sévérité de son vieux visage, quoique sa principale préoccupation soit visiblement de vendre une pièce de vin trop cher à un voyageur de commerce qui se débat contre cette exploitation.

Ce devrait, semble-t-il, être une impression déconcertante que celle-là, sinon comique, et capable de détruire pour toujours l'illusion du sentimentalisme que nous prêtons aux anciens maîtres. Cette identité entre les figures qu'ils ont peintes et celles qui vont et qui viennent, asservies aux plus vulgaires besognes, ne prouve-t-elle pas que ces grands artistes n'ont pas insinué dans leurs œuvres les idées complexes que nous leur prêtons ? Tout simplement, tout naïvement, ils copiaient le modèle vivant avec une recherche consciencieuse d'exactitude. C'est la thèse des critiques en réaction contre nous autres, les abstracteurs de quintessence, comme nous appellent volontiers ceux que la haine des subtilités conduit à des simplifications trop brutales. A raisonner un peu, cependant, il est facile de défendre sur ce point la critique complexe contre la critique simpliste. Sans doute, les grands

peintres ont vu d'abord et avant tout l'être vivant; mais, dans cet être, ils ont dégagé la *race*,
et ils ne pouvaient pas la sentir, cette race,
sans démêler l'obscur Idéal qui s'agite en elle,
qui végète dans les créatures inférieures, ignoré
d'elles-mêmes et cependant consubstantiel à leur
sang. La langueur et la robustesse à la fois de ce
pays de montagnes dont le pied baigne dans la
fièvre, le mysticisme des compatriotes de saint
François d'Assise et leur sauvagerie, la mélancolie songeuse prise devant l'immobile sommeil
des lacs, tous ces traits élaborés par le travail
séculaire de l'hérédité, le Pérugin les a dégagés
plus nettement qu'un autre, mais il n'a eu qu'à
les dégager. Sa divination instinctive les a reconnus, sans peut-être qu'il s'en rendît compte,
dans des coupes de joues, des nuances de prunelles, des airs de tête. C'est là, dans cette interprétation à la fois soumise et géniale, que réside
la véritable copie de la nature où tout est âme,
même et surtout la forme, — âme qui se cherche,
qui se méconnaît parfois, qui s'avilit, mais une
âme tout de même et qui ne se révèle qu'à l'âme.

Il semble pourtant qu'il y ait quelque paradoxe
à écrire ce mot d'*âme,* à propos de ce peintre de

Madones, qui mourut dans l'athéisme final! Cette Città della Pieve, avec ses vues démesurées sur la vallée de la Chiana et ses palais ruinés, me le rend présent, tel que Vasari le dépeint, devenu vieux, faisant la navette à cheval entre sa ville natale et Pérouse, pour exécuter en hâte des fresques bien payées. Il était avare au point de porter des sommes énormes avec lui, ce qui le fit dévaliser par des voleurs durant une de ces courses. Il professait ne plus croire ni à Dieu, ni à l'autre vie, et cet impie qui mourut en refusant de se confesser, — chose prodigieuse pour l'époque, — laisse voir précisément dans ces fresques d'ici combien il entrait de procédé dans sa facture. Au Dôme un Baptême du Christ et une Vierge avec des Saints, à Sant' Antonio un Saint Antoine avec Saint Pierre l'Ermite et Saint Marcel, à l'église des Servites les restes d'un Crucifiement, sont des œuvres presque douloureuses à regarder, tant ces travaux exécutés vers la fin de sa vie rappellent en maniérisme les belles qualités de ses bonnes années. Ce sont toujours ces longs corps avec leurs pieds placés de côté, grands et un peu gauches, toujours ces mentons levés et dégageant le dessin du cou, ces têtes penchées, ces figures extasiées, ces mains jointes, enfin ces

personnages si à lui dans ses scènes habituelles.
Mais cela grimace au lieu d'enchanter, — exception soit faite pour la grande Adoration des
Mages à Santa Maria dei Bianchi qui date
de 1505, et où se retrouvent encore des parties charmantes, par exemple un jeune homme
qui tient du bout de ses doigts une couronne
trop large pour la tête de l'Enfant Dieu et qui
plie sur lui-même avec tant de langueur tendre.
Et cependant cette fresque trahit déjà une lassitude, la pire, non pas celle de la main, qui
demeure habile, mais l'autre, celle de l'esprit,
celle du cœur, qui ne peuvent plus, qui ne veulent
plus créer et sentir. Il est impossible d'être soi-
même un ouvrier de l'art, même humble et
chétif, sans éprouver, devant cette survivance
d'un pareil maître à son génie, une étrange
angoisse. Combien de peintres, de sculpteurs, de
musiciens, d'écrivains, et parmi les plus fameux,
ont ainsi duré plus que le meilleur d'eux-mêmes?
Combien sont devenus des copistes par vénalité
de ce qui fut leur gloire méritée et leur instinct
sublime?

Un problème se pose alors, plus difficile à résoudre et plus douloureux que le problème de la
naissance du talent. Que s'est-il passé dans ces

êtres d'élite pour avoir renoncé à leur plus noble
ambition, à leur plus profonde aussi, car notre
honneur d'artiste et notre chimère de beauté
tiennent aux racines mêmes de notre cœur, et par
les plus vivantes fibrilles? J'avais tort tout à
l'heure d'admettre, même en passant, un doute sur
l'existence d'une sensibilité analogue à sa peinture
chez le grand Ombrien. Je suis persuadé, moi qui
ai vu presque toute son œuvre, qu'il fut d'abord
sincère, dans la pleine force de ce mot dont on
abuse tant aujourd'hui pour cacher un brutal charlatanisme. Il fut sincère quand il créa son type d'art.
Il en avait le rêve intense, le besoin secret comme
Virgile, auquel il ressemble, eut réellement son
rêve et son besoin de tendresse. Cela ne s'imite
pas, ne s'apprend pas. Il y a des touches de pinceau comme il y a des touches de style qui sont
une façon non pas de peindre ou d'écrire, mais
de sentir, mais de souffrir, d'aimer, de prier, de
vivre. L'énigme est ailleurs, dans la métamorphose de cette sincérité première en maniérisme
qui dut s'accomplir avec la perte de la foi. Mais
comment une telle source, si abondante, si chaude,
s'est-elle tarie, et après quel drame? Oui. C'est
encore plus mystérieux que le talent, cela, ces
jaillissements et ces épuisements de la sève inté-

rieure, ces humidités et ces aridités tour à tour de notre cœur, cette grâce, comme disent les Docteurs de l'Église, qui nous enflamme ou nous abandonne. Et le Pérugin n'est qu'un cas, entre combien d'autres? Pourquoi Shakespeare, par exemple, et pourquoi Racine ont-ils cessé de produire en plein génie? On parle, pour l'un, d'une fortune faite, pour l'autre d'une vanité d'auteur blessé. Ces explications n'expliquent rien, car l'auteur de *Phèdre* avait subi de pires critiques auparavant, et, si Shakespeare n'eût été qu'un coureur d'écus, avec sa merveilleuse intelligence de la réalité humaine, il se fût appliqué dès longtemps à de plus fructueuses entreprises que celle du théâtre. La première enfance du Pérugin écoulée dans la misère, et l'avidité de gain qui en fut le résultat n'expliquent pas davantage quel écroulement secret s'accomplit dans sa conscience, et à quelle heure, cessant de croire, il a pris le parti de mentir, le pinceau à la main, pour gagner de l'or. Faut-il penser que le supplice de Savonarole en 1498, commandé par le Pape — et quel Pape! Alexandre VI, — détruisit chez le peintre qui vivait à Florence la base même de son sentiment chrétien? L'ironie tragique et sacrilège de cet apôtre, presque un saint, condamné par un tel juge et au nom de Dieu, fut une redoutable épreuve pour la conscience de toute cette fin du XVe siècle. Le ciel était donc vide puisqu'une pareille monstruosité avait pu se produire! Il n'y avait donc pas de Père céleste et le Christ était mort en vain!... J'entends ce cri sortir de la bouche de ceux qui ont vu ce spectacle de honte épouvantable. S'il en est ainsi, pourquoi espérer un autre monde? Faisons de l'argent et encore de l'argent. Il n'y a de réel que les biens de la chair. C'est sur ce conseil d'un matérialisme servile que vieillit le Pérugin, lui qui avait le mieux représenté la pureté des Vierges sans désirs, la nostalgie tendre des Saints amoureux de la Céleste Patrie, l'extase inactive et le soupir des lèvres sans paroles vers l'atmosphère d'en haut. Que d'inconnu dans le cœur d'un grand artiste, d'un de ces êtres si à part, quoi que la malignité de la critique documentaire en pense, et il faut en dire, pour leur être juste, ce que disait de lui-même un admirable écrivain et qui a fini en vaincu : « Ne me demandez pas combien j'ai de facultés, demandez-moi par combien de places je puis être blessé. »

XII

Orvieto, le 4 novembre.

Ces inquiétants problèmes de sincérité que je me posais hier à propos du Pérugin ne surgissent qu'autour des artistes qui ont, comme celui-là, cherché et trouvé le pathétique. C'est la rançon de leur dangereux pouvoir de séduction. On dirait que ces génies-là, plus féminins que mâles, et qui veulent être chéris, tourmentent leurs adorateurs avec les va-et-vient de la passion, tour à tour entraînement et défiance :

> *... Tous les êtres aimés*
> *Sont des vases de fiel qu'on boit les yeux fermés...*

Ces vers, si étrangement touchants, ne sont pas tout à fait justes. Nous ouvrons quelquefois les yeux et nous repoussons le vase, — quitte à le reprendre. De même les œuvres que nous aimons avec le plus de tendresse sont certes celles que nous discutons davantage. Nous les goûtons trop pour ne pas nous en dégoûter par moments, pour ne pas les repousser, — quitte à leur revenir. Elles ne sont pas d'un ordre purement intellectuel, et, pour nous en convaincre, il suffit de les comparer à celles que nous admirons sans les aimer, qui nous exaltent sans nous attendrir, qui parlent à notre cerveau plus qu'à notre cœur. Mettez en regard Virgile et Lucrèce, Henri Heine et Gœthe, Racine et Corneille, Lamartine et Victor Hugo. Il y a toujours eu, et dans tous les ordres de productions, antithèse absolue entre les génies de grâce et les génies de puissance Jamais cette opposition ne m'est apparue plus évidente qu'en quittant, comme je viens de faire, Città della Pieve pour Orvieto, et le Pérugin pour Signorelli, cet autre grand maître avec lequel je me suis de nouveau familiarisé à Volterra et au Monte Oliveto. Mais que sont ses tableaux sur bois, que sont même ses fresques du vieux couvent lorsqu'on les compare à la prodigieuse chapelle du Dôme d'ici, sur les murs de laquelle il a peint la Fin du Monde, l'Antechrist, la Résurrection, l'Enfer et le Paradis, avec une énergie de

pinceau que Michel-Ange voulut étudier avant
d'entreprendre son œuvre de la Sixtine, et il ne
l'a pas surpassée !

Je n'étais pas venu dans cette ville depuis
1874 avec mon ami le musicien Albert Cahen.
Temps lointain où d'être seulement en Italie et
de me dire que j'y étais me faisait presque mal,
tant je subissais l'ivresse de l'Art et de la Beauté !
J'avais gardé d'Orvieto le souvenir d'une pittoresque approche que je n'ai plus retrouvée. Il
faut dire qu'à cette époque on arrivait à l'antique
cité papale, juchée sur sa hauteur, par une route
de lacis qu'un chemin de fer funiculaire supprime
aujourd'hui. Cette route était bien longue, et le
funiculaire est bien rapide. Aussi est-ce avec une
faible conviction que je regrette l'ancienne manière d'arriver, et j'essaye de me consoler de ma
demi-déconvenue en tournant le dos au machi-
niste et regardant la vaste vallée. La Paglia s'y
tord parmi des massifs d'arbres toujours teintés
par l'or de l'automne, toujours voilés de brume.
Cela sied à ce que représente d'inévitable mélancolie un retour dans un endroit où l'on est
venu tout jeune, et cela sied aussi à cette rivière
qui va si lente, comme la Chiana qu'elle reçoit

presque sous mes yeux et dont le cours tardif
fournit à Dante cette étrange comparaison :

> *Quanto di là dal muover della Chiana*
> *Si muove 'l ciel...*

(Par., XIII, 23.)

(Autant que le ciel va plus vite que le flot de la Chiana.)

Une fois débarqué du wagonnet qui a gravi
en un quart d'heure ces cinq cents mètres de
rampe, ma déception redouble à cheminer dans
une ville si différente de ses voisines Toscanes.
Ici des rues tortueusement prolongées entre
des masures remplacent les beaux couloirs dal-
lés qui courent entre des palais. A peine çà et là
quelques bâtisses révèlent un reste de féodalité
puissante. J'arrive d'une province où chaque
ville avait sa vie individuelle, sa personne à part.
C'est ici, au contraire, l'entrée dans les États
romains, sur un sol de soumission, de gouvernement venu d'en haut. La spontanéité de la vie
locale était moins forte. La sève de l'art a failli
tarir. Ou plutôt elle s'est condensée tout entière
dans le Dôme. La ville n'a pour raison d'être
que ce blason sacré, que cette espèce de page
de missel dressée en pierre, car à quoi comparer,
sinon à une gigantesque miniature, — osons

associer deux mots aussi disparates, — cette
façade de marbre, coloriée de mosaïques, enrichie
de colonnes à torsades dorées, rehaussée de bas-
reliefs où la ferveur du Moyen-âge se mélange
au puissant animalisme de la Renaissance? Un
ange, un bœuf, un aigle et un lion, tous les
quatre en bronze, coupent de leur sombre rangée
cette étincelante façade. Au centre une Vierge
de marbre sourit, protégée par des anges, et, au-
dessus de cette Madone si jeune mais si grave, une
rosace s'épanouit, bijou en filigrane bordé d'un
cadre aussi finement tricoté que la dentelle dont
je voyais, le mois dernier, les paysannes de la
Rivière de Gênes croiser les fils sur leurs tam-
bours de cretonne au seuil des maisons fraîches.
A un moment un rayon de soleil perce les nuages.
Il frappe cette façade de cathédrale qui éclate
en reflets de métal. Malgré toute cette joaillerie
du détail, l'ensemble apparaît net, cette fois, et
grandiose, surhumain, terrible. Cela n'a plus rien
d'un énorme bibelot comme le devant de Sainte-
Marie-des-Fleurs à Florence. Le blanc et le noir
du corps de l'édifice ne font pas damier comme
là-bas. Est-ce une proportion plus savante des
parties? Est-ce la solitude de la place? Est-ce la
position de cette église dressée sur cette hauteur

et devant cet horizon ? J'ai retrouvé là ce frisson
mystique dont on reste saisi, pour peu qu'on ait
du Christianisme encore dans le cœur, devant les
cathédrales du Nord, devant ces Münster bâtis
de songe et de prière. Peut-être aussi flottait-il
autour de ce Dôme d'Orvieto une brume d'automne qui lui donnait un je ne sais quoi de
presque septentrional. Le soleil, aussitôt caché
qu'apparu, avait pu le parer une minute d'un
revêtement de lumière étincelante. Les nuages
s'étant refermés, une brume tombait, serrée et
froide, et le géant de marbre semblait vraiment
le frère de ceux que j'ai tant aimés à Bâle, à
Cologne, à Strasbourg, sur le bord de ce Rhin
qui roule dans le limon trouble de son flot, toujours à demi Français malgré les traités, le meilleur de notre poésie d'Occident.

J'appréhendais, ne me rappelant plus d'une
manière exacte la décoration intérieure de
l'église, un contraste entre cet intérieur et le
dehors. Je craignais d'y rencontrer cette profusion d'ornements dont la richesse éloigne toute
idée de vraie piété. Mais non ! la vaste nef apparaît, blanche et noire, comme en deuil, et vide.
Sur un piédestal et devant chacune des colonnes
se dresse un colossal Apôtre de marbre. Ce

Concile de douze statues est éclairé par un jour de tombeau à cause de la matière presque opaque qui bouche les hautes fenêtres en ogive, fermées de vitraux dans leur portion supérieure. C'est la semaine des Morts, et des prêtres, rangés autour d'un caveau scellé d'une pierre sans ornement, entonnent un psaume funèbre pour le repos de l'âme des anciens chanoines enterrés là. L'évêque les préside, en chape et mitré. D'autres prêtres répondent du fond du chœur où ils sont assis. Au milieu de l'église se dresse un catafalque vide sur lequel de menaçantes inscriptions en latin disent : « *Aujourd'hui à moi, demain à toi...* — *Tout est vanité...* — *C'est ainsi que passe la gloire du monde...* » Partout ailleurs la banalité de ces sentences ferait sourire. Sous cette voûte, dans ce jour voilé et parmi ces chants, leur vérité fait trembler. Les muets fantômes des Apôtres de marbre semblent une tribune de témoins implacables. Ils vont se mouvoir, ils vont parler, ils vont condamner... Hélas! C'est eux que l'on a condamnés, si j'en crois le sacristain qui s'est fait mon guide et qui travaille, comme il convient, à détruire ma sensation par ses commentaires. Il me raconte que la commission chargée de la surveillance des monuments nationaux propose de remettre ce Dôme en l'état d'après les plans du style primitif. Oh ! la barbarie des archéologues qui ne comprennent pas que l'espèce de végétation disparate, ainsi ajoutée par les siècles aux premières lignes d'un édifice, lui donne l'attrait d'une chose vivante. Des hommes ont passé là, depuis que l'architecte a bâti l'église. Ils y ont prié. Ils y ont touché de leurs mains pieuses. Un peu de leur existence y a laissé son empreinte. Jamais je ne consentirai à croire que cette église sera plus conforme à l'intention première, une fois cette trace ôtée. Ce que l'on appelle une restitution ne fait qu'introduire la froideur de la science morte à la place où palpitait la vie, toujours complexe, incohérente et surchargée, — mais c'est la vie. Arrivera-t-il jamais un temps où l'on admettra la profonde justesse de l'ironique parole de Gœthe : « L'esprit de l'histoire, c'est l'esprit de ces messieurs ? » Alors on interdira aux peintres modernes de rajeunir un tableau ou une fresque, comme ils ont fait dans le Campo Santo de Pise, pour l'irréparable dommage d'Orcagna et de Gozzoli. Les vieilles peintures de ces nobles maîtres sont maintenant des peinturlurages horribles d'éclat. On défendra aux archéologues de nettoyer une ruine. Conserver les choses d'art et d'histoire telles que nous les avons trouvées, — tout notre devoir est là, et non pas essayer des restitutions arbitraires et néfastes, car restaurer c'est toujours détruire.

Fort heureusement cette restauration destructrice paraît avoir été jusqu'ici épargnée à cette célèbre Capella Nuova où se voient les fresques de Signorelli. Ce peintre tragique y fut appelé en 1499 pour continuer un travail sur le Jugement dernier, commencé, — quelle antithèse dans cette rencontre de deux noms! — par le suave Fra Angelico. La main fervente de ce dernier et son chaste rêve de béatitude pieuse se reconnaissent dans la partie du plafond qui domine l'autel. Là, trône un Christ qui juge parmi les Anges. Qui juge? Non. Il pardonne, il bénit, et certes ce tendre Sauveur ignore la sinistre scène à laquelle Luca le fait présider. Il vit en lui-même, dans son ravissement de Dieu indulgent et qui rachète les péchés du monde. Non, il n'a pas commandé les atroces supplices qui sont figurés sur le vaste pan de mur, immédiatement au-dessous. Jamais les deux faces du rêve religieux, celle de l'infini pardon et celle de l'irréparable justice, n'ont été confrontées comme dans ce coin de plafond et sur cette muraille. Là, Signorelli a traité de son pinceau anatomique les deux épisodes les plus terribles du dogme chrétien : la Résurrection des morts et le Jugement Dans la première de ces deux fresques il a e cette idée de génie : peindre ces pauvres morts comme sortant de la terre à même, et non pas de fosses creusées. Ils ont été mêlés depuis des siècles, en effet, à ce sol nourricier et dévorateur dont nous vivons tous, où nous rentrerons tous. Leur chair s'y est abîmée, fondue, dissoute. La voici, par le miracle du dernier jour, recréée, repétrie dans ce commun limon d'où Dieu a tiré Adam. Il a osé, l'artiste visionnaire, par une énergie d'imagination qui égale Dante, montrer des squelettes en train de revêtir à nouveau cette chair reprise à la boue. Parmi ces morts, quelques-uns se reconnaissent. Un homme, d'un bras protecteur et caressant, a entouré une jeune femme pour la défendre, tandis qu'un autre appuie ses mains sur lui pour n'être pas seul dans cet épouvantable matin. Le groupe de ces trois créatures décèle une pitié humaine, des larmes de charité dans le cruel peintre. C'est comme l'épisode de Francesca entre les horreurs de *la Divine Comédie*, et, par le contraste, cette éclaircie de plaintive tendresse nous touche davantage. Elle nous touche, nous, mais non pas les Anges, qui ne regardent pas ces malheureuses créatures, occupés, acharnés qu'ils sont à sonner avec fureur le suprême réveil dans le ciel où les étoiles ne sont plus que des points noirs, et les bannières qui pavoisent les colossales trompettes battent ce firmament d'effroi — convulsivement.

Peut-être cette scène de violence est-elle plus pathétique encore que la fresque qui lui fait pendant et qui représente, sous le nom de Jugement, une sauvage curée de démons en train de mordre, de déchirer, de broyer les damnés que précipitent du ciel trois beaux Archanges en armures, paisibles chevaliers de Dieu. Le cauchemar immobilisé de cet Enfer atteint du coup l'extrême limite de ce que les nerfs peuvent supporter de terreur. C'est un pêle-mêle de corps nus qui se tordent sous les crocs, les griffes, l'étreinte, le piétinement des Satans verdâtres, ivres de cette féroce ripaille dans de la souffrance humaine. Pas d'air, pas une échappée respirable, pas un interstice d'atmosphère entre cette centaine de corps ainsi liés, enlacés, noués, mais des têtes qui agonisent de désespoir, mais des muscles qui se tendent pour étouffer, des doigts enfoncés dans des mâchoires qu'ils déchirent, et, sur cette pâtée infernale, des corps pleuvent dans des attitudes de raccourci prodigieuses. Un démon passe qui, dans un vol effréné, emporte sur ses grandes ailes une femme folle de peur, dont le sacristain raconte qu'elle fut la maîtresse infidèle de Luca et qu'il l'a mise ici pour se venger. Si je ne savais ce qu'il faut penser de ces commentaires prodigués par les imaginatifs bedeaux italiens, j'aimerais à croire que ce dernier trait est vrai, un peu par ironie et aussi pour retrouver cette place d'humanité simple dans ce génie presque surnaturel de vigueur tragique.

La Prédication de l'Antechrist et le Paradis qui font face à ces scènes sont encore des fresques de première beauté. De première beauté aussi les autres morceaux qui achèvent de décorer le bas des murs, le plafond, les dessus de porte et les côtés de l'autel. Mais cette Résurrection et cet Enfer me dominent, me tiennent prisonnier. Je ne puis regarder qu'eux. J'ai l'impression d'être là devant un des chefs-d'œuvre de l'art *réalisé*, je veux dire cet art qui ne laisse rien à concevoir par derrière et qui reproduit l'objet sans y introduire aucune intention différente de cet objet.

Le peintre s'est imaginé un combat de démons
et d'hommes. Cette image s'est traduite pour lui
avec la netteté d'une fièvre hallucinatoire dans
des corps dont il a vu chaque geste, chaque
fibre, chaque frisson. Il a copié ce spectacle en
supprimant jusqu'à la plus petite expression de
sa sensibilité personnelle. Son âme n'est pas là, ni
son cœur, mais seulement son œil et sa main.
Cela n'émeut pas comme une fresque du Pérugin,
mais un caractère d'indiscutable certitude émane
de l'œuvre. Il n'y a plus lieu de s'enquérir si
l'homme était de bonne foi ou non, les rapports
de son génie et de sa vie, quelles crises morales
il a traversées. L'objet est là, comme une chose
qui existe en soi et par soi. C'est la montre qui
marche seule, d'où qu'elle vienne, et à l'occasion
de laquelle vous n'avez rien à vous demander sur
l'horloger. Vous tenez devant vous une réalité
concrète et positive. Vous n'en pouvez pas plus
douter que des piliers de la grande cathédrale
qui se dressent tout auprès, solides, massifs, iné-
branlables. Seulement, tout se paie, comme se
plaisait à le répéter Bonaparte, et cet art d'une
exécution si savante, si consciencieuse et si serrée, manque de charme. Ce beau mot, si mystérieux, a été roulé, déformé par l'usage, et, cepen-

dant, c'est encore le seul qui exprime la magie d'autres œuvres, incertaines, incomplètes, d'un faire presque flou à côté de celui d'un Signorelli, d'une suavité confinant au maniérisme, mais par lesquelles on se sent aimé comme par une personne, et que l'on aime pareillement. Cela fait deux catégories d'artistes qui, depuis des siècles, se partagent le monde : les uns qui ont représenté les objets en s'effaçant, les autres auxquels ces objets ont servi surtout de prétexte à montrer leur cœur. J'ai beau admirer les premiers de toutes mes forces et me rendre compte qu'ils ne peuvent pas me tromper, tandis que, chez les seconds, la sincérité est souvent douteuse, la comédie toute voisine, ma sympathie va aux seconds, c'est avec eux que je me complais à vivre, et, les yeux encore remplis des savantes anatomies de Luca, je me réjouis de penser que je les aurai oubliées demain dans les chères salles du Musée, le plus sentimental qui soit au monde, celui de Pérouse.

XIII

Pérouse, le 6 novembre.

J'ai eu le regret de suivre le soir, et par un temps brouillé de pluie, la route qui va d'Orvieto à Pérouse en contournant le vaste lac de Trasimène. Mes souvenirs me représentent cette nappe d'eau à d'autres voyages, si délicieuse de fraîcheur bleuâtre dans la coupe sauvage de ses montagnes! Et j'ai eu le regret plus vif d'arriver à Pérouse même à la nuit tombée, si bien que j'ai perdu cette fois la forte impression des trois quarts d'heure de montée qu'il faut faire en voiture pour entrer enfin dans la vieille ville qui, étalée sur plusieurs collines comme Rome, construite presque sur le bord du Tibre comme Rome, justifie par son seul aspect la parole irritée de Paul III, stigmatisant « *l'Audacia dei Peru-*

gini. » C'est une rude ville en effet, une cité montagnarde et farouche, aux maisons de pierres sombres et hautes, nid d'aigle qui menace au loin l'immense horizon où dorment Assise, Foligno, Spolète. Un vent de neige y souffle sans cesse, s'engouffrant dans des portes qui, comme celle dite d'Auguste, remontent jusqu'aux temps de la domination Étrusque, et les bises glacées tournent dans les corridors de ces rues étroites. Mais au rebours des autres villes que j'ai visitées depuis quinze jours, ce n'est pas sur une capitale en décadence que ce vent d'hiver disperse les effluves de l'Apennin. Ici toute l'activité de la vie moderne ondoie sur les places. L'Université avec sa forte École de Médecine, la garnison nombreuse, la présence d'un personnel de magistrats en font un centre d'influences et comme un chef-lieu du pays composite qui s'étend entre Florence, Rome et les Marches. Le Corso Vannucci, lorsque j'y descendis le lendemain de mon arrivée, rempli comme il était de marchands en plein air, avec les fiers palais bien tenus qui le bordent, et à son extrémité la somptueuse fontaine de la place du Dôme, n'offrait certes aucun symptôme d'une mort locale. Les ustensiles de bronze et de terre, les harnachements de cheval, plaqués en cuivre et curieusement pomponnés de rouge, les lainages bariolés, les poteries, jaunes, vertes ou brunes, aux formes antiques, s'y étalaient comme pour attester la perpétuité de la coutume. Ces mêmes objets ne se retrouvent-ils pas dans les décorations familières aux vieux peintres ? N'eussent été les costumes des bourgeois que je croisais dans la rue, j'aurais pu me croire aux temps où les citoyens de cette ville accrochaient en grande pompe entre le lion et le griffon symboliques sur la façade de leur maison de ville les colossales chaînes et les verrous pris à Sienne. Ces triomphantes ferrailles y sont encore, ornant de leur glorieux souvenir la place du Dôme qu'achève de parer, auprès de la vaste fontaine à innombrables personnages sculptés par les deux Pisanos, le petit palais de l'archevêché. C'est la demeure où le Pape actuel, — ce Léon XIII au sourire si fin dans sa face creusée d'ascète, — passa tant d'années, gouvernant avec une admirable sainteté son vaste diocèse, visitant ses pauvres et se reposant de ses travaux évangéliques par la composition de longs poèmes latins doctement travaillés. Du fond de cette magnifique prison qu'est aujourd'hui le Vatican et quand il revoit les longues années derrière lui, on dit que le Pontife se plaît à évoquer surtout Pérouse, cette place forte, comme ceinturée d'églises et de couvents, avec ses continuelles échappées sur l'étendue. Et, dans ces églises, dans ces couvents, dans les salles de ce palais public converties en musée, quelles peintures!

Ce sont elles à qui je suis venu rendre visite ici, mais parmi elles il n'est pas possible de choisir, comme dans d'autres villes, les deux ou trois auxquelles on s'attache pour s'en faire des amies. Elles sont toutes trop pareilles les unes aux autres, trop voisines par la communauté de l'Idéal et presque par l'identité du procédé. Les plus complètes restent assurément celles que le Pérugin, le chef du chœur, a exécutées pour le Cambio, — la Bourse d'alors. J'imagine que les marchands de Pérouse n'étaient guère plus capables que ceux d'aujourd'hui d'apprécier l'intention profonde d'un artiste. Vraisemblablement, ils allaient dans leurs commandes, toujours comme ceux d'aujourd'hui, au talent coté le plus haut, comme à la valeur la plus profitable. Les temps étaient plus heureux, et ils ont bien choisi en s'adressant au premier d'entre les Maîtres Ombriens. Habitué à travailler surtout pour des moines, Vannucci n'a pas changé sa manière pour les boursiers. Il a décoré des murs destinés aux débats du négoce avec une Transfiguration et une Nativité sur le mur du fond. Sur la voûte il a représenté, mélangeant, comme c'était l'esprit de la Renaissance, des souvenirs de mythologie classique à des images toutes chrétiennes, les déités qui président aux planètes. Jupiter, Mars, Saturne, Vénus, Mercure, apparaissent avec leurs attributs, et, sur les côtés, les Vertus sont figurées par une série de héros légendaires auxquels font face les Prophètes et les Sibylles. Une visite à cette salle étrange, lorsque vers midi le soleil, entré par le vitrage, en illumine les profondeurs trop souvent obscures, est la véritable préparation à l'étude du musée où l'on a réuni les fresques, les toiles et les panneaux enlevés aux églises et aux couvents. Mais aucune de ces œuvres ne donne, comme les peintures du Cambio, la genèse même de l'art Ombrien, qui réside, — j'ai déjà essayé de l'indiquer à propos des fresques du Pinturicchio à Sienne, — dans la solitude absolue où se tiennent les uns par rapport aux autres les personnages évoqués.

Asseyez-vous sur le banc de bois sculpté, réservé aux agioteurs du XVe siècle, et regardez longuement la muraille en face de vous. Cet esprit de solitude vous enveloppe peu à peu comme une atmosphère. Les douze héros destinés à symboliser la Prudence, la Justice, la Valeur et la Tempérance, — et quel choix étrange : Camille, Pittacus, Trajan, Léonidas, Périclès, Scipion!... — sont immobiles, revêtus de costumes à demi antiques, à demi chevaleresques, et aussi étrangers entre eux qu'ils le sont au spectateur. Il est impossible de savoir où vont leurs regards. Une pensée tout intérieure les absorbe, — pensée éclose sous des fronts si beaux, et comme répandue sur des visages d'une grâce adorable! Ravis comme ils sont par leur rêve secret hors de notre monde, ces héros ne montrent en aucune manière la sécheresse émaciée des Christs ou des Martyrs dessinés par les Primitifs allemands. Leurs bras vigoureux, l'amplitude de leurs épaules, la solidité des muscles de leur cou témoignent au contraire qu'ils sont bien de cette terre dont Alfieri a dit que la plante humaine y croissait plus verte qu'ailleurs. Le Léonidas, par exemple, qui hanche un peu, en remettant son épée dans un fourreau de cuir souple, le Sicinius et l'Horatius Coclès, ses voisins, qui s'appuient hardiment sur leurs boucliers sont d'admirables guerriers d'une santé intacte, d'une énergie tout animale. C'est dans leurs regards seulement et dans les contours de leur visage que la mysticité se révèle. Ils ont à la fois une physiologie d'athlètes et la physionomie que l'on imagine à des moines nourris de *l'Imitation,* — contraste qui s'explique trop bien par l'heure unique où leur père spirituel les conçut. C'est aussi le secret de l'attraction qu'ils exercent sur nous. Dans cette fin du XVe siècle, la fleur de songe éclose dans les longues tristesses du Moyen-âge ne s'était pas encore fanée au souffle ressuscité de l'antique paganisme. Cependant le goût de la splendeur plastique était assez développé pour que Raphaël fût proche. Ce double et contradictoire Idéal, celui d'une extase monastique conquise dans le martyre des sens et celui d'une beauté qui parle aux sens, semble avoir coexisté dans le Pérugin et dans les peintres qui l'ont précédé ou accompagné, particulièrement dans Benedetto Bonfigli, dans Eusebio da San Giorgio, dans Giannicola Manni et quelques autres dont la Pinacothèque de Pérouse enferme les œuvres. Ce rêve complexe a son symbole dans les Anges de Bonfigli, couronnés de roses comme les impies dont parle l'Écriture : « Couronnons-nous de roses avant qu'elles ne soient flétries..., » comme les convives aussi des banquets païens : « Respirons les roses tant qu'elles ressemblent à tes joues. Embrassons tes joues tant qu'elles ressemblent à tes roses... » Mais ces pauvres Anges aux cheveux fleuris tiennent dans leurs mains les instruments de la passion du Sauveur, et une pitié douloureuse noie de songe leurs douces prunelles où roulent de grosses larmes !

Je crois discerner dans cette antithèse la raison pour laquelle les peintres Ombriens nous touchent le cœur à une place si sensible. Il est bien probable, ceci soit dit en passant, qu'ils ne se doutaient guère, en illustrant de pieuses images les murs des couvents, qu'ils seraient aimés un jour par les enfants du plus positiviste des siècles. Mais l'ascète inconnu qui écrivit *l'Imitation* sur le pupitre en bois de sa cellule soupçonnait-il que des admirateurs passionnés d'*Adolphe*, des *Liaisons dangereuses* et de *Rouge et Noir* feraient de son manuel pieux un livre de chevet au même titre que des trois autres ? Dans toute œuvre d'art, qu'elle soit un tableau ou un livre,

une statue ou une page de musique, il se cache
un élément de vie, c'est-à-dire une virtualité secrète que le créateur de cette œuvre ignore.
Avez-vous vu un cordier faire sa corde en marchant à reculons et sans voir où il va ? Nous
sommes tous, petits ou grands, pareils à lui, tra-
vaillant à moitié avec conscience, à moitié à
l'aveuglette, et nous ignorons surtout à quel
usage servira notre besogne ainsi exécutée. C'est
que la vie, dans l'œuvre d'art, comme partout
dans la nature, procède par un changement imperceptible et ininterrompu. Si paradoxale que
paraisse cette assertion, on peut affirmer qu'un
livre, par exemple, n'est plus tout à fait le même
à cent ans de distance. Les mots n'en ont pas
bougé, mais gardent-ils exactement le même
sens ? Quel lecteur habitué aux sensations intel-
lectuelles ne comprend que, pour un homme du
XVIIe siècle, les vers de Racine n'étaient pas ce
qu'ils sont devenus pour nous ? On répond :
« L'œuvre est la même, et la modification s'est
accomplie en vous seulement. » C'est là un so-
phisme spécieux, mais qui ne tient pas devant
l'analyse. Il semble qu'en effet nous ajoutions à
l'œuvre en l'interprétant d'une certaine manière
et dans le sens de nos besoins personnels d'es-

prit. En réalité, ce que nous paraissons lui ajouter, elle nous le suggère. Elle en portait en elle la possibilité. La preuve en est que certaines créations seulement des temps passés ont gardé cette puissance, d'autres non. Pourquoi les tragédies de Voltaire sont-elles mortes pour nous et non pas celles de Racine ? Pourquoi la peinture des Carrache et non pas celle des Primitifs ? Pourquoi *la Nouvelle Héloïse* et non pas *Manon Lescaut* ? Je prends à dessein les exemples les plus divers et j'ose en conclure, au rebours de la critique abstraitement scientifique, à laquelle je ne crois plus depuis bien longtemps, qu'en présence des œuvres restées vraiment vivantes, notre sentiment moderne a droit de s'exprimer, si différent soit-il de ce qu'a pu être l'intention consciente des auteurs.

C'est ainsi que cet art de l'Ombrie se trouve correspondre à des nuances de sensibilité imaginative bien éloignées des préoccupations que pouvaient nourrir les artistes du XVe siècle. Dans les Madones de Bonfigli, dans les Saints Sébastiens de Giannicola, dans les Martyrs d'Eusebio da San Giorgio, dans les héroïques chevaliers de Vannucci, nous goûtons, nous, le charme d'un mysticisme triste, contenu, et pourtant presque sensuel. Le contraste que j'ai marqué entre leurs corps et leurs âmes ne nous donne pas seulement l'impression de cette dualité de l'être humain, toujours si troublante à constater. Nous y apercevons le poids d'une pensée trop forte, comme la présence d'un rêve imposé d'en haut. Ce rêve n'est pas né de ces êtres mêmes, aussi les accable-t-il comme une mission trop difficile. Il les fait souffrir par d'intimes conflits qu'ils pressentent à l'heure même où ils ne les éprouvent pas. Ce sont des adolescents antiques, grandis dans un cloître. Ils croient profondément, et la sève animale surabonde en eux. La vie sensuelle et coupable côtoie dans les profondeurs inconscientes de leur être la vie spirituelle et innocente. La Nature va en eux être aussi forte que la Grâce. Leur piété est sur le bord du trouble, leur extase va finir sur une tentation. Ce qui deviendra l'insoluble problème du cœur moderne se prépare en eux : le combat entre les besoins chrétiens hérités du Moyen-âge et les appétits du paganisme antique déchaînés par la Renaissance. Ce que Musset appelait le mal du siècle et qui n'est que l'exaspération suprême de ce combat, repose, comme en germe, dans ces personnages que leur nature complexe laisse déjà sans volonté, dans ces beaux Hamlets encore si purs. Je me souviens que lors de ma première visite à leur sanctuaire, à ce palais de Pérouse où leur cénacle est réuni, j'éprouvai un étonnement si ému de constater comme certaines recherches de notre art moderne sont voisines d'eux. Mon admiration fut si particulière à reconnaître comme une fraternité attendrissante entre leur poésie propre et celle des poèmes que j'aime le mieux. Aussi bien les éléments moraux dont les combinaisons produisent la diversité infinie des âmes humaines sont-ils en très petit nombre, et en très petit nombre aussi les classes dans lesquelles peuvent se ranger ces âmes. Toujours, à des intervalles plus ou moins éloignés, certaines formules d'art se reproduisent, manifestant des maladies pareilles du cœur, un tourment analogue, la recherche d'un même Idéal. La prédominance des préoccupations historiques a trop détourné les esthéticiens actuels de cette vérité. Ils ont eu trop peur de prêter aux peintres une intention « littéraire, » comme dit une formule qui, elle aussi, semble profonde et qui a bien des chances de ne signifier absolument rien, suivant l'habitude des formules simplement négatives. La littérature, j'entends celle qui mérite ce nom, aurait-elle donc un objet différent de celui que se proposent les autres arts, musique ou architecture, sculpture ou peinture? Comme eux, et avec un langage à elle spécial comme le leur, que manifeste-t-elle sinon des nuances de la sensibilité humaine? Or, qu'elle soit traduite par des mots écrits, par des sons orchestrés, par des pierres taillées, par des lignes ou par des couleurs, cette sensibilité est une. Toute la question, par delà les habiletés et les habiletés techniques, est toujours et partout d'avoir de l'âme. C'est parce que les Ombriens en ont beaucoup qu'ils nous paraissent si nouveaux, si jeunes après tant d'années. J'ai essayé de dire comment, sans avoir la prétention de noter autre chose qu'une impression à moi personnelle, — et je me hâte de terminer ces notes pour retourner au Palais communal, avant de partir, me caresser une fois encore les yeux à ces divines peintures.

XIV

Assise, le 10 novembre.

J'ai passé plusieurs jours à Pérouse, empri-
sonné par le mauvais temps, dans un hôtel
Anglais, tenu par des Anglais, habité par des
Anglais. Avec la brume qui montait de la vallée
et les terribles rafales d'eau qui battaient les
vitres, je pouvais m'imaginer être de nouveau
dans un coin de la grande île, retiré dans une de
ces villes du Border, comme Carlisle ou Keswick,
très propices aux longues lectures et aux méditations sérieuses. De fait, la bibliothèque de cet
hôtel abondait en *diaries* de toutes sortes, écrits
par des Anglais et des Anglaises sur les moindres
petites cités, non seulement de la Toscane et de
l'Ombrie, mais des Marches, mais de la Pouille
et de la Terre d'Otrante, où je serai la semaine

prochaine. Il est certes aisé de plaisanter ce genre de littérature, où les naïves anecdotes personnelles tiennent beaucoup de place, beaucoup de place aussi un humour un peu puéril et sur lequel on se blase vite. Il consiste dans une ironie appliquée d'habitude aux camériers, aux cochers, aux cicerones et souvent aux petits insectes tourmenteurs, discrètement flétris par de pudiques *Misses* sous le nom abstrait et convenable d'« incurie italienne ! » Tous les partis-pris inhérents à la race Anglo-Saxonne s'y retrouvent aussi, notamment la révolte protestante contre le catholicisme et une colère devant la religion du Midi, devant cette prière où l'imagination s'ajoute à la conscience pour la parer de poésie sensible. En revanche, quelle puissance d'activité individuelle supposent ces livres ! Le goût du détail précis, la passion de la culture y sont admirables et aussi l'amour intellectuel de l'Italie, la visible fascination que cette terre de soleil exerce sur les voyageurs venus du brouillard. Un côté essentiel de la poésie anglaise, d'ailleurs, s'explique uniquement par cette Italie, et dans Byron, et dans Shelley, et dans Keats, et dans les Browning, et, plus près de nous, dans le délicieux génie de femme à qui nous devons *An*

Italian Garden. Tout en relisant quelques-uns de ces vers retrouvés parmi ces nombreux journaux de route et méditant tour à tour sur l'intime musée Ombrien et sur l'Italianisme de ces belles œuvres du Nord, j'attendais qu'il fît un ciel assez doux pour convenir au pèlerinage d'Assise, non pas seulement afin d'éviter l'inconfort physique, — on s'y habitue si vite après quelques semaines de voyage, — mais surtout parce que la ville de saint François ne peut être abordée et sentie qu'avec certaines nuances de lumière. Il y faut comme une clarté d'idylle, tant la figure du grand saint, qui prêchait les oiseaux et les poissons parmi les fleurs, évoque avec elle l'image de toutes les sérénités de la nature.

J'ai eu enfin la joie de le voir ce matin cet horizon, nettoyé de ses nuées, et j'ai pu partir vers la colline où se dresse une des capitales de la Vie Spirituelle, par un jour digne de sa légende. L'azur pâle, un faible azur qui disait l'approche de l'hiver, se reflétait dans l'eau des grandes pluies de la dernière semaine, encore prise dans les sillons. L'orage avait donné à la campagne comme un premier coup meurtrier et les feuilles d'or les jonchaient, ces sillons trempés de cette eau irisée. Les oliviers, avec la finesse idéale de leur feuillage, étaient seuls verts, mais qui ne sait que cette verdure presque grise n'a pas le coloris d'une végétation vivante? De la neige brillait sur les Apennins au loin, et, dans les gorges, des nuages blancs floconnaient emprisonnés. C'était un matin lumineux, doux et triste; un vrai temps de pèlerinage, et j'avais entre les mains, en passant le Tibre qui roule dans cette vallée son eau glorieuse, la biographie de saint François, par saint Bonaventure, que m'a donnée le vénérable gardien du Mont Olivet. J'en lisais les pieuses histoires et comment le saint triompha des duretés premières de son père, et comment, tout jeune et chevauchant dans cette plaine, il rencontra un lépreux, qui était Jésus-Christ lui-même; — ainsi dans la vieille chanson populaire :

> *Le pauvre dont ils se moquent*
> *C'est Jésus-Christ déguisé!...*

J'y lisais comment il se retira dans la solitude avant de fonder ses trois églises et son Ordre des Frères Mineurs, puis sa visite au Pape Innocent III, d'une politique si habile dans sa naïveté simple. Parmi les miracles du Bienheureux, je reprenais sans fin ces récits surtout où sont rapportées ses relations avec les choses et les bêtes, comment, par exemple, s'adressant au feu, avant une opération de chirurgie où il devait être cautérisé, il disait : « O feu, *mon frère,* Dieu t'a créé pur, beau et utile ; sois-moi à cette heure propice et bienfaisant !... » La liste est longue, au cours de ce candide ouvrage, des autres êtres que François d'Assise salua de ce tendre nom de frère dans la simple nature, depuis cet agneau qu'on lui avait apporté à Rome, et qui, laissé par lui à la noble dame Giacoma Settesoli, réveillait sa paresseuse maîtresse avec ses petites cornes, et bêlait pour qu'elle allât à l'office, — jusqu'à ce brochet qui lui fut donné sur le lac Trasimène. Le saint le remit dans l'eau. « Ce poisson, » ajoute saint Bonaventure, « suivait la barque où était son sauveur, comme tout heureux et ravi d'amitié, et il ne voulut s'en aller qu'une fois béni par cet homme de Dieu et congédié par lui. » Des oiseaux près de Venise, une cigale sur un arbre près de Sainte-Marie-des-Anges, un faisan près de Sienne, un faucon sur le Subasio, des loups sur cette même montagne, — tels sont les autres étranges amis de l'apôtre d'Assise. On ferme le petit volume sans avoir l'envie de dis-

cuter le plus ou moins d'authenticité des anecdotes qu'il apporte. Que signifient-elles, en effet,
sinon qu'une personnalité morale s'est révélée
ici, — il y a sept cents ans, — d'une grâce si
puissante, d'une ferveur si profonde, d'une douceur tellement ineffable qu'il a paru impossible
que même les âmes les plus obscures, celles des
humbles animaux, n'en subissent pas la domination? Et puis certaines paroles de François nous
ont été transmises, très profondes, et qui suffisent
à le rendre vivant tout entier, comme celle-ci à ses
disciples : « Quoique vous soyez en voyage, vous
devez être aussi humbles et modestes que si vous
étiez dans votre ermitage ou dans votre cellule.
Car, en quelque endroit que nous allions, nous
avons toujours notre cellule avec nous. *Notre
frère le corps est notre cellule, et l'âme est l'ermite qui y demeure* pour penser à Dieu et l'adorer.
Si une âme religieuse ne demeure pas en paix
dans la cellule du corps, les cellules extérieures
ne lui seront guère utiles... » N'aurions-nous
de lui que cette phrase, nous nous sentirions
devant un homme qui eut le génie de la vie
mystique, comme un Vinci eut le génie des
formes et un Balzac celui de la vie sociale. La
maîtrise est là qui se manifeste, comme partout

où elle se rencontre, par cette vertu dominatrice,
l'indiscutable sûreté du coup d'œil.

Je me demandais l'autre jour, devant les tableaux du Pérugin et de Bonfigli, pourquoi certaines œuvres d'art demeurent si jeunes et si
puissantes, alors que toutes les conditions où elles
furent créées ont péri autour d'elles. La même
question se pose, plus difficile à résoudre, devant certaines figures de l'histoire qui gardent
un pouvoir de séduction sur des esprits entièrement différents d'elles, souvent même sur les
adversaires de l'idée qu'elles représentent. Saint
François d'Assise est ainsi. Aucun homme ne
vécut plus étranger que lui à tout ce qui fait l'orgueil de la société moderne, à cet instinct de critique et d'observation qui aboutit partout à la
science et qui tente aujourd'hui de réduire le problème religieux à une analyse grammaticale par
l'étude philologique des textes. Aucun saint
pourtant n'est demeuré, je ne dis pas plus populaire, mais plus vénéré des orgueilleux d'intelligence, de ceux qui ont fondé, comme M. Renan,
le plus fort de leur renommée sur l'analyse implacable des croyances mystiques dont vivait le
moine. Il n'y a pas là un de ces simples jeux

de dilettantisme auxquels se complaît trop le grand artiste qui a écrit autrefois les *Questions d'histoire religieuse*. Tous nos contemporains qui ont prononcé le nom de François en ont parlé comme M. Renan. Le motif me paraît en être que le saint d'Assise, par delà tous les miracles de sa légende et même dans ces miracles, se manifeste comme ayant pratiqué à un degré suprême les deux principes qui sont l'âme même de tout sentiment religieux : l'acceptation et le renoncement. Gœthe, cet adversaire du Moyen-âge, si déterminé qu'étant venu dans cette ville d'Assise il n'y voulut voir que les ruines fort médiocres d'un temple de Minerve, — par discipline sans doute et pour ne s'occuper que du monde antique, — le païen Gœthe a écrit dans *Wilhelm* cette phrase profonde : « Toutes les religions n'ont qu'un but : faire accepter l'iné-vitable à l'homme. » Il dit : *accepter* et non *subir*. C'est qu'accepter suppose un amour de cet iné-vitable, un sentiment et non pas une simple idée que cet obscur univers a une signification mysté-rieuse et bienfaisante. On a beau avoir multiplié les sophismes autour de soi pour abolir cette croyance en une solution humaine du redoutable problème, s'être ingénié à se démontrer que le véritable rôle de l'homme est la résignation froide en face d'une nature aveugle et sourde, avoir finement ou brutalement raillé les prétentions de notre pauvre personne en regard du vaste *cosmos*, cette attitude n'est qu'une parade ; et l'âme proteste en nous, quand nous sommes sincères, contre cette orgueilleuse et factice tension de notre volonté. Le besoin subsiste, indestructible, dans les profondeurs de notre sensibilité, que ce monde ait en lui de quoi satisfaire à notre cœur, puisque ce cœur en est issu, et les hommes absolument inoffensifs et purs comme le *Poverello* d'Ombrie, qui ont cru à cette bienfaisance de l'univers, comme ils respiraient, comme ils vivaient, avec l'être de leur être, nous apparaissent à l'état de protestation irréfutable contre le nihilisme dont nous étouffons. Ils deviennent les complices en nous d'une foi qui s'ignore, et qui parfois se cherche en se pleurant. La complaisance avec laquelle nous contemplons leur silhouette morale à travers les âges atteste une nostalgie qui, par elle-même, est une croyance. « Tu ne me chercherais pas, » dit le Sauveur, dans l'admirable *Mystère de Jésus*, « si tu ne m'avais pas trouvé. » Les doctrines de ces fidèles ne nous importent plus, ni leurs préjugés ; c'est

leur « moi » pareil au nôtre dans ses intimes besoins, mais qui posséda ce que nous désirons
tant; oui, c'est ce « moi » fervent et héroïque
qui nous réchauffe, du fond de l'abîme impénétrable où il est rentré. Y a-t-il si loin de ce phénomène à cet autre si mystérieux, si mal étudié par
l'insuffisante psychologie actuelle, que les vrais
croyants appellent la prière ?

Il n'est pas sûr qu'en revanche une visite à la
patrie même de tels personnages ne comporte pas
sinon une désillusion, au moins une mélancolie.
Les sentant très vivants auprès de soi, en soi, on
souffre que leur effort sur cette terre n'ait pas
gardé sa pleine action dans le monde extérieur,
que l'œuvre visible où ils ont empreint leur génie
ait pu être presque manquée. Pour ma part, j'ai
éprouvé de nouveau ce froissement déjà ressenti
autrefois, dès mon entrée dans cette église Sainte-
Marie-des-Anges, située hors de la ville d'Assise,
mais qui enserre la chapelle de la Portioncule,
fondée par le saint lui-même. C'est d'abord que
l'aspect de cette chapelle primitive est absolument
méconnaissable. Puis les moines de l'Ordre pré-
posés à la garde de ces pieux souvenirs, pauvres
religieux tout grossiers et un peu intéressés, ne

correspondent guère à ce qu'a dû rêver pour son
Ordre le génie si tendre de François. Enfin et surtout, rien n'est resté dans cette église qui donne
la sensation réelle de l'homme qui a passé là. Une
détestable fresque d'Overbeck où se trahit toute
la fausseté de l'art de son école : — le plus lourd
des pédantismes n'est-il pas celui de la naïveté
volontaire ? — une autre fresque du Pérugin outra-
geusement retouchée, des peintures presque entièrement détruites de Tiberio d'Assise et du Spagna,
telles sont les principales œuvres d'art qui décorent ce sanctuaire. Le guide m'a bien montré le
jardin des rosiers sans épines dont les feuilles gardent encore, dit la légende, les traces du sang de
François qui s'y roula pour dompter une tentation. Mais il était trop tard dans l'année, et pas une
rose ne me souriait dans ce buisson, avec un
jeune visage de fleur. Je gagnai sous cette impression de tristesse et d'hiver le grand couvent là-
haut où je voulais revoir les fresques célèbres de
Giotto, et ce couvent l'accrut encore. Il dresse
toujours sur son énorme base de maçonnerie
ses deux églises superposées, mais il n'appartient
plus à l'Ordre du saint, en sorte que malgré
leurs admirables peintures les chapelles donnent
une sensation invincible de ruine et d'abandon.

9

Un office s'y célébrait, mais le hasard voulait qu'il fût suivi seulement par quelques pauvres femmes du peuple et des mendiants, tandis que des touristes en grand nombre, attirés comme moi par la beauté du jour, allaient et venaient, le Bædeker ou le Joanne en main, ne voyant que des objets de curiosité dans les voûtes où le peintre ami de Dante a glorifié les vœux de l'Ordre des Franciscains : la Pauvreté, la Chasteté, l'Obéissance. Le saint lui-même, figuré dans sa gloire et entouré de séraphins, apparaît, porté vers Dieu sur un trône et enveloppé dans un froc de splendeur, avec la Croix et le Livre entre ses mains stigmatisées, et il lève au ciel des yeux d'icône byzantine agrandis par l'extase. Ah! Qu'ils ne regardent pas la vaste nef, déserte aujourd'hui, ces yeux qui ont tant cru à leur œuvre! Qu'ils ne soient pas tentés par le doute devant la caducité menaçante d'une des plus nobles tentatives humaines! Qu'ils ne soient pas troublés, comme je viens de l'être soudain, par le contraste entre le doux paysage d'idylle sacrée, un vrai décor du Vendredi Saint de *Parsifal*, resté identique, et la petite ville tant changée. Les constructions sont bien les mêmes et la figure visible; — mais les églises vont se délabrant, le Dôme s'écroulant, les pèlerins ont été remplacés par des mendiants qui attendent les voyageurs, et, de ces voyageurs eux-mêmes, combien savent ce que fut vraiment le héros d'amour divin qui naquit et qui mourut sur cette colline, où du moins la dureté des temps n'a pas pu toucher au visage du sol, — ce visage, comme dit tendrement un ancien, qui ne change pas si vite que le cœur d'un homme.

XV

Ancône, le 13 novembre.

La route d'Assise à Ancône tourne et retourne
à travers les montagnes, parmi de merveilleuses
gorges qui en font presque la rivale par moments
de cette autre route, si belle et trop peu célébrée,
qui va de Florence à Bologne. Un peu avant d'arriver à la vieille ville du fameux quadrilatère, elle
passe par Jesi, où naquit en 1194 l'empereur Frédéric II, pendant un voyage que sa mère Constance d'Aragon faisait pour aller rejoindre le roi
Henri VI dans son royaume de Sicile. La surprise de cette naissance dans une bourgade aussi
perdue permit plus tard aux adversaires du prince
d'incriminer la légitimité de son sang, et le
violent Jean de Brienne, son beau-père, alla jusqu'à l'appeler, dans une dispute rapportée par

Salimbeni et qui donne une juste idée des ru-
desses du temps : « Mauvais diable, fils d'un bou-
cher de Jesi !... » L'imagination encore pleine
du *Poverello* d'Assise, comment n'être pas saisi du
contraste ? Je songe à l'étrange ironie du sort qui
faisait naître ici, à quelques lieues de distance et
presque dans l'année où le saint fondait son Ordre,
le moins chrétien des princes du Moyen-âge, le
grand adversaire des Papes, ce César à demi mahométan, qui ne crut jamais qu'aux astrologues,
à ses droits impériaux et aux cimeterres de ses
Arabes de Lucera ? Cette antithèse fut complète
quand les deux hommes se rencontrèrent face à
face à Bari. Elle va s'imposer à moi davantage, à
mesure que j'approcherai de Foggia qui fut la
capitale des Hohenstaufen dans leurs États du
Midi. D'avoir seulement aperçu en passant la
vieille petite ville me donne un plus vif désir
encore de visiter ce qui reste des châteaux construits dans les Pouilles et en Sicile par cet atti-
rant et étrange empereur. J'avais, auparavant, à
faire une première visite vers une autre ville où
naquit un artiste de génie, également distant
des mystiques ardeurs d'un saint François et des
ambitieuses énergies d'un Frédéric II. Je veux
parler de Recanati et du grand écrivain pessi-

miste qui vivait là dans le début de notre siècle, Giacomo Leopardi. Il y composait ces élégies lyriques aujourd'hui célèbres à l'égal des *Nuits* et des *Méditations* : — *l'Amour et la Mort, le Passereau solitaire, l'Infini, le Soir d'un jour de fête.* On raconte que, dans un jour d'enthousiasme, Schleiermacher commença une leçon sur l'*Ethique* par ce cri étrange : « Sacrifions une boucle de cheveux aux mânes de l'illustre et infortuné Spinoza. » Moins romantiquement, mais avec une piété pareille, j'ai voulu sacrifier une de mes journées de route à un pèlerinage vers la maison de ce poète non moins illustre et aussi infortuné que le philosophe de La Haye. Je savais que là du moins la sorte de mélancolie éprouvée dans Assise me serait épargnée et qu'une famille, digne d'avoir donné naissance à un tel homme, a fait du palais où Leopardi a vécu un véritable musée à sa mémoire. Quelle leçon pour nous qui avons laissé démolir la maison de notre cher Balzac, — cette petite maison que je verrai toujours, si délabrée, si triste, à deux pas des splendeurs de l'avenue Friedland! La destinée du romancier tenait toute dans cette misère de son petit hôtel : il avait rêvé les triomphes du luxe, ce qu'il appelle dans la confession de *la Peau de Chagrin,* les droits régaliens de l'homme de génie, et il avait abouti, par trente ans de labeur et vingt chefs-d'œuvre, à installer dans le Paris des grandes élégances un pauvre coin de pension Vauquer !

Si le palais où grandit le poète italien est l'objet d'un culte plus pieux que ne le fut jadis la maison ruinée où mourut l'auteur de *la Comédie humaine*, Recanati reste, en revanche, assez difficile d'accès pour décourager les dévots de ce beau génie. Il faut arriver d'abord à la triste Ancône. Je l'appelle ainsi, car c'est la troisième fois que je m'y arrête et la troisième fois qu'elle m'apparaît sous un ciel bas, avec la mélancolie d'un port aux eaux vertes où des vapeurs aux coques rouges revenus du cabotage sur la côte Adriatique débarquent lentement leur cargaison. D'Ancône on doit gagner Lorette par un train d'une fatigante lenteur, quoique la distance soit très courte, et de là prendre une voiture qui en deux heures conduit à ce farouche Recanati. J'admirais tout à l'heure l'ironie de certains contrastes. C'en est une et saisissante que celle-ci, qui a placé la patrie du chantre de l'athéisme le plus désespéré dans le voisinage de cette Lorette où se montre la maison de la Vierge. Cette maison de Marie fut portée, raconte la légende, de Palestine en Italie par les anges, et elle demeure, avec l'église que l'on a construite autour d'elle, un des sanctuaires les plus vénérés de la piété catholique. Une Notre-Dame de bois noir, sculptée, par saint Luc, — c'est toujours la légende qui parle, — rayonne de pierreries à la lueur des cierges allumés entre les murs nus de cette petite maison. Cette paisible image de la Mère du Sauveur, comme habillée, comme emprisonnée d'un scintillement de bijoux, mais avec une si suave expression de son visage modeste sous cette parure, a-t-elle été visitée par le poète? A coup sûr, lorsque, célébrant son appétit du néant dans ses admirables vers sur l'Infini, il s'écrie:

E il naufragar m'è dolce in questo mare,

il ne voyait aucune « étoile du matin, » comme disent les litanies, briller sur cette mer sans fond, sur ce vide insondable dans lequel il lui était doux de sombrer! Oui, il est impossible qu'il ne soit pas venu ici, attiré, comme tous les méditatifs et les désenchantés, par une curiosité à demi moqueuse, à demi envieuse pour la foi des humbles et des simples. Lui qui a dénoncé si magnifi-

quement les cruautés sans appel de la nature
toute puissante qui nous créa pour le chagrin :

E l'antica natura onnipossente,
Che mi fece all' affanno,

il a certes contemplé avec jalousie, comme je l'ai
fait moi-même, les visages des pauvres femmes
agenouillées devant la Madone. Il les voyait ré-
confortées par le surnaturel parfum de la Rose
mystique. Elles trouvaient, elles, dans ce coin de
chapelle, le Refuge des pécheurs, la Consolation
des affligés, le Secours des Chrétiens. Elles sentaient s'épancher dans leur cœur la Source de
toute vraie joie, le Vase des extases spirituelles.
Elles disaient : « Salut, Marie... » et la Mère très
pure, la Mère admirable, la Mère aimable, leur
souriait. Et puis Leopardi s'en allait sans avoir
plié le genou, seul avec ce qu'il appelle quelque
part la pensée dominatrice,

Cagion diletta d'infiniti affanni.

ajoute-t-il : « Principe adoré de douleurs infinies. »
— Il s'en allait par ce chemin que j'ai suivi aujourd'hui et qui, de rampe en rampe et à travers
les montagnes, arrive jusqu'à Recanati. La petite
cité du Moyen-âge lui apparaissait, comme elle

m'est apparue, sauvage et intacte. Il en aimait
et il en maudissait à la fois la tragique solitude,
avec cette contradiction intime trop naturelle au
poète. Rien ne satisfait jamais pleinement ces
âmes complexes, qui, vivant de désir, et se dé-
pensant tout entières dans l'espérance, sentent
d'autant plus l'insuffisance des choses qu'elles
en ont mieux compris la beauté. Par les étroites
rues bordées de maisons anciennes, Leopardi ga-
gnait le palais de sa famille, longue construction
en briques rouges, toute renflée sur sa façade,
avec des grilles tordues devant les hautes fenêtres.
Un jardin en terrasse se développe sur un des
côtés, planté de cyprès et de lauriers. — C'est
le symbole naïf de la gloire du sombre poète,
que le mélange de ces deux feuillages ! — Quelques statues y apparaissent, ayant autour d'elles
ce dessin régulier des allées où se plaît le classi-
cisme du goût italien. On gravit le perron, et une
impression classique se dégage aussi des bas-
reliefs, des bustes et des colonnes du vestibule.
Mais de ce côté des Alpes, ce vieux mot de *classique* reprend sa pleine, sa haute valeur de noblesse.
Il ne signifie plus l'artifice vide et la convention
sans sincérité. Dans cette Italie, l'aînée des terres
latines, ce qui vient d'autrefois est presque par-

tout remarquable de *grand air*. Les maisons
patriciennes y sont souvent délabrées, mais ce
délabrement a toujours sa fierté. J'ignore si, du
vivant du poète, le Palais Leopardi était tenu,
comme aujourd'hui, avec le luxe du grand seigneur de petite ville qui garde son rang. Avec
ou sans luxe, il dut faire à la jeunesse du poète
un cadre de beauté un peu sévère et de grandeur,
— les deux caractères qui se retrouvent dans son
style d'une facture hautaine et rare. C'est le
charme propre à la grande poésie italienne dé-
rivée de Dante que cette simplicité, derrière
laquelle se sent l'origine glorieuse de la langue.
Certains fragments de Carducci en offrent encore
aujourd'hui d'admirables modèles, par exemple
le divin sonnet :

> *Passa la nave mia, sola, tra il pianto*
> *De gli alcïon, per l'acqua procellosa...*

La qualité des mots où palpite encore la force
Romaine, la vigueur directe de l'image, le dessin
à la fois large et serré de la période, donnent à
cette poésie ce charme du *définitif* qui est la
marque vraie du génie latin. Cela est sobre à la
fois et grandiose. Cela tient de l'inscription lapi-
daire et cependant ce n'est ni raide, ni convenu.

Quand on approche de ce génie latin dans ses représentants les plus complets, le vieux terme de goût, dénaturé par la critique conventionnelle, reprend sa véritable signification, et l'on comprend quelles vertus d'intelligence il résume. Il en est d'autres et de plus touchantes. Celles-là sont les souveraines.

S'il suffisait de grandir dans un vieux palais de style italien pour les avoir, ces vertus-là, toute la péninsule serait peuplée de Dantes, de Cinos, de Pétrarques et de Leopardis. Aussi n'ai-je marqué cette harmonie entre la demeure où grandit ce dernier et son tour d'imagination que pour indiquer, en passant, un de ces cas où se vérifie la loi trop généralisée des milieux. Je l'ai vérifiée de même en visitant, voici tantôt dix années, Combourg et Newstead-Abbey. Il resterait d'ailleurs à expliquer comment, depuis des siècles et sur des milliers d'enfants ou de jeunes gens élevés dans des décors pareils, trois ou quatre seulement ont manifesté du génie. Quand on creuse ainsi cette théorie des conditions nécessaires à la naissance de l'œuvre d'art, on se heurte toujours à ce phénomène irréductible de la personne, comme en analysant les conditions d'un acte quelconque, on se heurte toujours à cet autre irréductible élément : la responsabilité. Les études de la critique déterministe n'en offrent pas moins un vif intérêt. Si elles ne donnent pas, du talent, une explication totale qui reste impossible, elles en éclairent mieux les parties extérieures et aussi la direction. Pour ce qui est de Leopardi, par exemple, cette visite à son palais, à ce qu'il appelle lui-même « les silences du nid paternel *, » fait comprendre du coup la nuance si particulièrement intellectuelle de son pessimisme. La bibliothèque où il passa la plus grande partie de sa jeunesse est demeurée telle que son père, le comte Monaldo, l'avait formée. Elle indique si bien quels durent être les soucis de cette jeunesse. C'est une galerie vaste et haute, distribuée comme en plusieurs cellules garnies de livres. Tous les volumes qui peuvent servir à la connaissance approfondie de l'histoire, de la philosophie, de la théologie et des diverses littératures sont réunis sur ces planches. Dans ce merveilleux laboratoire de travail le poète s'emprisonna, docteur Faust de vingt ans, à la fois

* *Poi che del patrio nido*
   I silenzi lasciando...

candide et passionné, méditatif et malade. Il s'en-
fonça, il s'abîma dans des travaux de philologie
et de philosophie dont ses vers furent les distrac-
tions. Le portrait qui se voit sur un des murs
montre un visage souffreteux et fin, avec une
étrange tristesse dans son regard à la fois fatigué
et perçant. C'est là, parmi ces vieux volumes aux
couvertures de parchemin, que le large fleuve de
cette poésie nihiliste a pris sa source. C'est à lire
ces livres que le jeune noble de Recanati est par-
venu, dès sa vingt-cinquième année et avant
d'avoir vécu, à la plus définitive condamnation
de l'existence qui ait été formulée dans le siècle
de Schopenhauer et de Byron.

L'originalité profonde du pessimisme de Leopardi réside, en effet, dans ce caractère presque
impersonnel, qui, par certains côtés et à travers
d'innombrables différences, rappelle le phéno-
ménisme de Lucrèce. L'un et l'autre, quoique
poètes et grands poètes, ont été des philosophes
dans la pleine vigueur de ce mot, capables
d'idée autant que de sentiment, de doctrine
autant que d'imagination. Ils ont commencé par
des vues générales, et non point, comme Byron
lui-même, comme Musset, comme Henri Heine,

par une douleur tout individuelle. La réflexion sur leur malheur propre semble ne leur être venue qu'après et comme un corollaire d'une loi d'ensemble appliquée à leur destinée parmi les destinées. De là, chez l'un comme chez l'autre, cette absence d'anecdotes, si l'on peut dire, cette solennité d'accent qui donne à l'élégie sur *l'Amour et la Mort* comme au IVe livre de *la Nature des choses* quelque chose de cosmique et de grandiose, la beauté d'une hymne d'une liturgie athée. Chez Leopardi, toutefois, la lassitude moderne domine. Elle ne retentit pas en lui, cette fanfare de révolte libre, que le poète païen entonnait contre les Dieux, ivre de voir le ciel vide et la mort réduite aux placidités d'un sommeil sans rêves. C'est que, parmi ces livres du solitaire de Recanati et à côté de ceux qui lui ont enseigné l'universelle vanité des choses, il y en avait d'autres, les chrétiens, qui parlaient d'un Père céleste, d'une vie éternelle, d'une suprême justice dans la suprême bonté. Leopardi a cru à ceux-là, ne fût-ce qu'un jour, quoique dès lors et au seuil de son adolescence, comme il le raconte dans le *Soir de fête,* la misère de tout lui fût rendue si sensible par les moindres impressions ! Même la chanson d'un paysan en marche sur la route lui serrait le cœur

à l'entendre diminuer et diminuer encore par
l'éloignement.

> ... *Ed alla tarda notte*
> *Un canto che s'udia per li sentieri*
> *Lontanando morire a poco a poco,*
> *Già similmente mi stringeva il core.*

Il sentait la vie passer comme ce passant, l'heure
joyeuse s'en aller comme cette chanson. Mais
son père était bon catholique, sa courageuse
mère était pieuse, ses deux précepteurs étaient
prêtres, et l'un, le bon jésuite Guiseppe Torres,
lui demeura toujours cher. Il a donc cru, et profondément. Bien que les plaintes nostalgiques de
Rolla n'éclatent jamais dans ses poèmes, la
croyance d'autrefois se devine à la douleur que lui
infligent ses certitudes actuelles. Entre l'athéisme
d'un païen comme Lucrèce et l'athéisme d'un
chrétien désabusé comme Leopardi, il y a un
abîme. C'est la différence entre la solitude d'un
enfant trouvé et celle d'un orphelin qui a perdu
son père. Seulement, cette tristesse du poète
des Marches est une tristesse sans remords. La
pureté de sa vie se reconnaît à ce signe qui le
met à part dans la tribu coupable de ses frères,
les grands désolés du siècle. Les paysages dessinés
dans le fond de ses rêveries ne s'animent que de

formes pures. Presque tous furent entrevus par les fenêtres de ce cabinet d'études, on le devine, et qu'à aucun d'eux ne s'associent le ressouvenir et le dégoût d'un Idéal profané. Même le chaste Vigny n'est pas pur de cette pureté-là, ni si tendre. Comme dans la légende de saint François, que je lisais en allant vers Assise, les personnages avec qui le poète nihiliste s'entretient le plus volontiers sont des êtres de nature : un passereau, un genêt, une constellation. Avec quelle mélancolie il a parlé de ces belles étoiles de l'Ourse, qu'il contemplait, « scintillantes sur le jardin de son père ! » Avec quelle éloquence il célèbre la mort heureuse des oiseaux : « Toi, mon passereau solitaire, arrivé au soir — de la vie que t'auront marquée les astres, — confiant dans le sort — tu ne te pleureras pas!... » Comme il décrit avec amour ce flexible genêt au pied du Vésuve, qui orne de ses branches parfumées les campagnes désolées, les laves convulsées des anciennes éruptions et le sol fumeux de la solfatare ! Qui a pu gravir le dangereux volcan, du côté encore intact, celui qui regarde Pompéi, sans admirer ces souples arbustes, aussi hauts que des hommes et l'or de leurs grappes brillant sur le noir brillant du sable ? Comme le poète, en quelques mots, a su dessiner ce paysage et la grâce de ces dernières touffes fleuries sur cette cendre ! « Maintenant tout à l'entour — une seule ruine s'étend, — où tu te tiens, gracieuse fleur, et comme — par pitié pour ces misères, au ciel — tu lances un arome si doux — qu'il console le désert. » Ainsi tous les deux, le saint et l'athée aboutissent à une sorte de respect envieux devant l'innocence de la vie inconsciente. Mais le saint envie cette innocence, et le poète, lui, aspire à cette inconscience.

Dans cette bibliothèque il est impossible, si on a lu Leopardi et si on l'a aimé, de ne pas subir l'assaut de ces rêveries et d'autres pareilles. Une vitrine contient les reliques du grand écrivain pieusement conservées. Tous ses manuscrits sont là, depuis ses premiers devoirs d'écolier jusqu'à ses plus fameux poèmes. Ce culte de tous les objets touchés par ses mains me rappelle encore les amères sensations que j'éprouvais, il y a onze ans, à suivre la vente des papiers de Balzac. Ses manuscrits s'en allaient au caprice des enchères sans que le ministre d'alors, — c'était M. Ferry, si j'ai bonne mémoire, — eût eu seulement l'idée d'en faire acheter un seul au compte de l'État. Ni la patrie, ni la famille n'étaient représentées dans cette salle de la rue Drouot. Sans la noble ferveur d'un étranger, auquel les lettrés français doivent une impérissable reconnaissance, M. de Lovenjoul, qui a disputé ces feuilles aux marchands une par une, où seraient aujourd'hui ces reliques, plus précieuses pour nous que toutes les chartes et que tous les traités, car elles racontent le labeur du génie? Les simples corrections de ces étonnantes épreuves où le Maître s'acharnait ne nous font-elles pas assister à l'enfantement du chef-d'œuvre? Au contraire, devant ce petit musée de Recanati, devant cette petite bibliothèque composée par Mlle Pauline Leopardi des moindres ouvrages où il est parlé de son frère, devant ces chambres respectées que me montrait un serviteur qui, tout enfant, avait servi le poète, j'ai ressenti une reconnaissance émue pour ce bel et rare exemple. Il y a dans toute personne humaine qui a pu un jour faire œuvre de beauté un je ne sais quoi de sacré qui justifie et qui commande cette dévotion posthume. Quand elle manque, un peuple et des parents sont également coupables. Peut-être les petites cités sont-elles plus propices à une telle piété que le vaste et tumultueux Paris, et les vieilles familles plus aptes que les modernes si vite dispersées et renouvelées. Peut-être aussi l'affection désintéressée d'une sœur s'y satisfait-elle plus qu'aucune autre. Toujours est-il que cette visite à la maison du mélancolique écrivain se termine sur cette impression très douce que l'Amour, quoi qu'il en ait dit, est plus fort que la Mort. S'ils sont nés comme il l'a dit encore, à la même heure, cet Amour porte l'invincible désir en lui de vaincre sa funeste rivale, et il l'a vaincue ici dans ce vieux palais où le poète est encore si présent que l'on croit l'entendre marcher et soupirer les vers adorables de ses *Ricordanze*. — « ... Hélas! Nérine, dans mon cœur règne — l'ancien amour. Si vers la fête encore une fois, — si vers les réunions je marche, dans moi-même, au fond, — je dis : O Nérine, aux assemblées, aux fêtes, — tu ne te pares plus, tu ne marches plus. — Il revient, le mois de mai, et ses branches vertes, et ses chansons — vont rappelant les amants près des amants. — Je dis : Ma Nérine, pour toi ne revient — le printemps jamais plus, jamais plus l'amour. — A chaque jour serein et à chaque fleurissante — plage que j'admire, à chaque joie que j'éprouve, — je dis : Nérine désormais n'a plus de joie. Les plaines, — l'air, elle ne les voit plus. — Hélas!

tu passas, *eternel Soupir à moi,* tu passas, et je n'ai plus — de toutes mes imaginations si belles, de tous — mes tendres sentiments, des tristes et chers mouvements du cœur, — que le souvenir amer. »

XVI

Foggia, le 15 novembre.

Le train qui mène d'Ancône à Foggia, puis à Naples d'un côté et de l'autre à Brindisi, longe pendant plusieurs heures la grève de la glauque Adriatique. Il suit cette mer dangereuse de si près que, par les très gros temps, les lames déferlent à quelques centimètres des rails. Quel paysage que celui-là, longue et stérile bande de sable jaune incessamment rongée par cette lame verte qui vient, qui s'en va, revient, s'en va, et la houle ondule au loin, d'une couleur d'émeraude plus vive encore! Aucune trace de culture. Les villages juchés sur les hauteurs rappellent l'ancienne insécurité de la côte que les pirates ont ravagée pendant des siècles. Ils arrivaient de la Grèce, qui est si près, de la Tripolitaine, de l'Algérie et surtout des pays toujours à demi sauvages qui sont là-bas sur l'autre côté de cette mer et qui marquent le commencement du monde slave. Il a fallu la conquête d'Alger pour en finir à jamais avec ce fléau de tant de siècles. — Qui songe, hélas ! à en garder une gratitude à la Maison de France, pour avoir ainsi, d'un coup, nettoyé toute la Méditerranée ? — Sur ce sable et en face de ces villages haut bâtis, les barques des pêcheurs tirées hors de l'eau, tantôt six, tantôt dix, tantôt trente, suivant l'importance du port, sont maintenant bien en sûreté. Elles étalent des voiles barbarement peintes, le plus souvent en rouge, et que décorent de mystérieux emblèmes : un soleil, une étoile, un croissant, un lion, un personnage vêtu d'une armure. Quelquefois aussi ces voiles sont violettes, d'autres brunes, d'autres jaunes ou vertes. Rien qu'à ces signes, on reconnaît que voici le bord d'un autre monde, de ce Levant longtemps intact, qui sert lui-même de bord à l'Orient. Et c'est aussi le bord du Midi Italien, vous le constatez aux fruits qui se vendent dans les gares. Ces stations de chemin de fer, là comme partout, laissent, en effet, une place au produit naturel, aux denrées de gourmandise dont les pauvres paysans font négoce. Ceux d'ici promènent sous les portières des wagons leurs paniers remplis de raisins aux grains énormes. De larges figues fraîches s'y mélangent à d'autres, séchées, enfilées par cinquantaine sur des brochettes de bois. Ces vendeurs de campagne ont déjà l'accent rapide, le parler haut, qui mange une syllabe sur deux, propre au royaume de Naples. Le vin des buffets change aussi. C'est maintenant une sorte de sirop noir et parfumé, chargé d'alcool et auprès duquel notre épais vin du Var paraîtrait transparent et léger. A l'horizon, et au loin dans les terres, surgit le Gran Sasso d'Italia qui domine les Abruzzes. Il est déjà couvert de neige. Du côté de la mer, la grande pointe sombre du mont Gargano profile sa masse boisée. Que de souvenirs s'évoquent à cette approche, qui vont de la fabuleuse antiquité classique au plus romantique Moyen-âge ! Les îles de Diomède sont tout près, et tout près aussi cette Manfredonia fondée, comme l'indique son nom, par le fils de l'empereur Frédéric II, et peu à peu les montagnes s'abaissent, le train franchit des rivières mangées de marais, après des rivières à demi vides. La vaste plaine de la Pouille s'étale tout d'un coup, cette plaine du Tavoliere, immense et déserte, — démesuré pâturage qu'animent seulement à deux époques de l'année les passages des grands troupeaux. Mais Foggia s'y dresse, où Frédéric II tint sa cour, Lucera où il encastra ses Sarrazins, Castel-Fiorentino où il mourut. C'est ce personnage énigmatique dont la mémoire anime pour moi ce paysage depuis Jesi déjà. Il l'animait pour deux des voyageurs dont je viens de lire les récits dans les longs loisirs de ce train peu rapide : Gregorovius et François Lenormant. Entre parenthèses, le célèbre historien allemand ne l'emporte sur l'archéologue français, connu des seuls spécialistes, ni en érudition, ni en intelligence. Comme il est injuste que les beaux volumes de ce dernier sur l'Apulie, la Lucanie et la Grande-Grèce, répertoire inouï de descriptions, d'anecdotes et d'idées générales, ne soient pas célèbres dans notre littérature de voyages ! Ils ont le malheur d'être écrits par un de nos compatriotes d'abord, puis par un savant qui eut le tort d'être aussi un fantaisiste, enfin pour des lecteurs qui ne se déplacent guère. Venus d'outre-Rhin ou d'outre-Manche, ils auraient sans doute été découverts par quelque essayiste qui se serait fait un peu de renommée, rien qu'à les traduire et à les analyser. Ce fut le sort d'autres ouvrages qui valaient plus encore. N'est-ce pas sur une traduction de Gœthe que nous avons appris l'existence de ce *Neveu de Rameau,* un des chefs-d'œuvre du XVIIIe siècle et de tous les temps?

Foggia, où j'arrive après dix heures et plus de ce paisible chemin de fer, est une vaste ville, entièrement construite en maisons basses, à cause du tremblement de terre qui la détruisit au siècle dernier. Les rues très larges, les voûtes solides des rez-de-chaussée, l'absence d'étages supérieurs attestent l'impression produite par le terrible fléau. Il semble que la ville l'attende comme les pierres d'un môle attendent la vague. Il n'a laissé debout ni la cathédrale où fut couronné Manfred, ni le palais de Frédéric. De cette demeure impériale, il ne reste qu'un arc enclavé dans une maison sur le fronton de laquelle on lit ces mots : *Comitato medico.* « Les habitants disent que beaucoup de voyageurs, vingt par an peut-être, viennent visiter cette porte et qu'ils parlent d'étranges langages... » Cette naïve observation d'un Guide anglais est trop justifiée. Il faut s'intéresser singulièrement au grand César du Moyen-âge pour trouver que cette seule relique

compense suffisamment l'infamie des hôtels de
Foggia, la sordidité des voitures, et, par les jours
de pluie, comme celui où j'écris ces lignes, l'épaisseur de boue dont s'engluent les places. Et, cependant, tout Frédéric II est dans cet arc, avec
les contrastes qui font de lui un personnage infiniment représentatif, le confluent moral de tant
de courants divers. Essayons de le démêler par
delà ce simple mais authentique document, et de
tuer les heures de cette après-midi diluvienne par
l'évocation de cette ensorcelante figure.

L'arc est supporté par deux aigles tout pareils
à ceux que l'on remarque sur les monnaies d'or
frappées à l'effigie du prince et qui s'appellent
des Augustales. J'ai devant moi, en écrivant ces
lignes, une de ces curieuses pièces. Je viens d'y
regarder l'effigie du prince en empereur romain :
la tête laurée, la toge drapée à l'épaule. L'exergue
porte : « Fridericus, Cæsar, Augustus, » et, dans
le profil, se reconnaît un visible et gauche effort
vers l'expression néronienne. L'aigle, pareil à ceux
qui décorent la porte du palais de Foggia, est sur le
revers. C'est bien l'oiseau des médailles romaines,
avec le col long, les ailes détachées, le rapace
et maigre chasseur, maigre d'une faim toujours

inassouvie, dont les serres sont ouvertes et prêtes à saisir — quoi? L'empire du monde, cet *orbis romanus* qui, depuis la chute de la civilisation antique jusqu'aux jours récents de Napoléon, a hanté le cerveau de tous les grands dévorateurs d'États dans notre Occident. Ce songe dont Charlemagne réalisa le plus authentique à-peu-près, comment Frédéric de Souabe ne l'aurait-il pas caressé? Sa tradition du droit impérial l'y poussait déjà, et surtout son apanage réel, la mosaïque de ses royaumes si étrangement contradictoires : l'Allemagne, la Sicile, Jérusalem. Il rêva donc, lui aussi, de jouer le rôle de César romain avec d'autant plus de force qu'il en avait le génie. Mais il existait un autre héritier de cet *orbis romanus*, héritier spirituel, celui-là, et cependant toujours à la veille, surtout dans ce XIIe et ce XIIIe siècle de foi si profonde, de passer du spirituel au temporel. Ce César des âmes, c'était le Pape. La vie entière de Frédéric se dépensa en luttes contre Rome. La chronique de Matthieu Paris est remplie des lettres qu'il adresse au roi de France, au roi d'Angleterre, au roi de Castille, pour protester contre Grégoire IX et Innocent IV. Dès ses premières années, il s'était heurté au pouvoir ecclésiastique, pour en bénéficier en apparence, puisqu'il avait reçu du Saint-Siège, contre ses concurrents, l'investiture de toutes ses royautés, depuis l'Allemagne jusqu'à la Sicile. Les lui donner, n'était-ce pas se réserver le droit de les lui reprendre ? Et le même Saint-Siège, qui l'avait fait empereur et roi, devait, plus tard, le déclarer déchu de l'Empire et déchu de ses possessions d'Italie. Ils la racontent, ces aigles de l'arc de Foggia, cette convoitise du royaume universel et la longue lutte de l'ambitieux empereur, sa guerre éternelle, ses vaines colères, cette dispute sans fin jusqu'à l'arrêt du Conseil de Lyon, qui souleva contre lui presque tous ses vassaux. « Ah ! » soupirait-il un jour, en parlant des sultans Orientaux, « qu'ils sont heureux de n'avoir devant eux aucun Pape ! »

Si cet arc de porte révèle la politique du prince par ce simple emblème, par son inscription il révèle que chez Frédéric et sous l'Empereur se dissimulait un homme de pensée et de culture. Son plein cintre est orné d'une inscription en deux vers latins :

> *Hoc fieri jussit Federicus Cesar ut urbs sit*
> *Foggia regalis sedes inclita imperialis.*

Ces mauvais vers dans le goût de l'époque sont-ils de la composition du prince ? En tout cas, c'est bien la manière des distiques souvent malicieux qu'il dédiait à ses diverses résidences. Faut-il y voir, comme Lenormant, la preuve que ce palais de Foggia fut construit sur les plans de Frédéric? Il eut, en effet, cela de commun avec les autres Césars, ses modèles, d'unir à des aspirations de tyran et à des patiences d'administrateur une réelle curiosité d'artiste. Dans l'antiquité Hadrien fut le type accompli de ce dilettantisme Impérial. Frédéric II, lui, assez habile écrivain pour avoir composé un bon Traité de la chasse au faucon, s'entourait, par choix, d'hommes supépérieurs. Son confident, celui qui eut, comme dit Dante, « les clefs de son cœur, et qui les maniait, fermait et ouvrait avec tant d'art, » fut Pierre de La Vigne, l'auteur du gracieux poème : *Amore, in cui i' vivo ed ho fidanza.* A l'affût de toute idée nouvelle, ses historiens, comme Jamsilla, nous le montrent fondant des écoles, épargnant ses prisonniers quand ils étaient, tels qu'Albertano de Brescia, aptes à des travaux de science, ami de Michel Scot et lui faisant traduire l'*Histoire des animaux* d'Aristote sur l'abrégé d'Avicenne, protecteur de juifs philosophes, ainsi de Judas Cohen Ben-Salomon, avec lequel il entretient une correspondance de géomètre. Un manuscrit d'Oxford, qui renferme un certain nombre de questions par lui adressées à des savants arabes, permet de mesurer l'étrange profondeur de son scepticisme philosophique. Ne leur pose-t-il pas les deux problèmes suivants : « Le sage Aristote a-t-il démontré que le monde est éternel? Si oui, quels sont ses arguments? » — « Quelle est la nature de l'âme; est-elle immortelle? » — La terrible impiété dont témoigne une pareille enquête n'empêchait d'ailleurs pas le prince libre penseur de s'entourer d'astrologues et de croire à leurs prédictions. Il donna même de cette foi une bizarre preuve lors de son mariage avec Isabelle d'Angleterre, ayant attendu pour le consommer que les astres fussent dans un certain moment de leur course. Puis la renvoyant à ses femmes : « Surveillez-la bien, » leur recommanda-t-il, « car elle est grosse d'un enfant mâle. » Cet ensemble de négations et de superstitions fait comprendre la furieuse ardeur que la Papauté mit à le poursuivre. Frédéric, les Pontifes ne s'y trompèrent pas, était plus qu'un adversaire politique, comme avaient pu l'être d'autres empereurs. Il portait en lui un disputeur plus dangereux pour Rome que le plus habile capitaine, presque un ancêtre de la Réforme! Dans ses lettres contre le Saint-Siège,

telle phrase dépasse singulièrement l'époque :
« Réfléchissez, » écrivait-il aux princes chrétiens,
« aux usurpations et à l'orgueil de ces prélats
qui, ne pouvant se contenter du gouvernement des
âmes, par tout moyen recherchent aussi l'empire
du siècle. » Il se faisait écrire par un évêque allemand à sa dévotion : « Que le pasteur Romain
fasse paître ses Italiens. Nous qui sommes consti-
tués par Dieu les gardiens fidèles de nos brebis,
nous écartons de nos troupeaux ces loups couverts
de peaux d'agneaux. » — Lui-même reprenait :
« C'est dans la pauvreté et la simplicité que vivait
l'Église primitive quand elle engendrait, féconde,
tous les Bienheureux que rapporte le catalogue
des Saints... » Que dira de plus le révolutionnaire
Luther ?

Placée ainsi dans cette ville de la Pouille, et à
quelques kilomètres de la sarrazine Lucera, cette
porte de palais, qui ressemble un peu, par sa
coupe, aux portes de l'Alhambra, rappelle encore
ce qui fut un autre trait original de Frédéric : ies
habitudes de Sultan arabe prises dans cette Sicile
encore toute voisine de la domination musulmane.
Dès son expédition en Terre Sainte, le caractère
gracieusement diplomatique de ses relations avec

les chefs des Infidèles montra qu'il les connaissait au point de se considérer presque comme un des leurs. Mais surtout par sa manière de vivre, par ses harems, par le luxe particulier de ses fêtes, par ses indulgences pour la traite des esclaves noires et blanches entre la Sicile et l'Afrique, par ses privilèges accordés aux déportés maures de Lucera, il se posa comme un véritable prince d'Orient. Tout le révélait absolument étranger, non plus même aux préjugés, mais aux habitudes communes de sa race et de son temps. Lisez dans ce même Matthieu Paris cette réception faite à son beau-frère l'Anglais Richard, et dites si Saladin aurait accueilli autrement un grand seigneur Mahométan : « L'empereur ordonna qu'on lui fît prendre des bains avec des vapeurs parfumées et des massages très propres à rendre les forces après les fatigues de la mer, et au festin qu'il lui servit il fit danser devant lui des almées qui marchaient sur des boules avec un art merveilleux. Elles contournaient leurs bras en jouant et chantant et repliaient leur corps en arrière suivant le rythme de leurs chansons... » S'attendait-on à retrouver une description minutieuse de la danse du ventre sous la plume d'un moine saxon de cet âge ? Ajoutons que ce n'étaient pas là seulement des fantaisies de grand seigneur cosmopolite. La fréquence des séjours de l'empereur dans ces palais isolés de la Pouille, l'âpreté de jalousie avec laquelle il y séquestra ses épouses surveillées par des eunuques, sa mauvaise ironie à l'égard des prêtres égarés dans sa ville de Lucera, mille signes semblables attestent qu'il avait presque dépouillé le prince allemand, pour devenir un souverain à moitié asiatique. Sa férocité dans diverses circonstances, la perfidie de ses négociations, les procédés expéditifs de ses justices achèvent de marquer d'un trait oriental cette complexe figure d'un Souabe trop précocement cultivé dans divers sens, mais par cela même si moderne, si en avant de son époque, si nouveau par son esprit, son indifférence, sa fantaisie, sa curiosité. Le grand poète catholique ne s'y est pas trompé. Il ne l'a rangé, dans son *Enfer,* ni parmi les cruels, malgré ses iniquités, ni parmi les luxurieux, malgré ses débauches, mais bien parmi les hérétiques, à côté du cardinal Ubaldini, célèbre pour sa phrase scandaleuse : « S'il y a une âme, que je perde la mienne pour les Gibelins. »

> *Qua entro è lo secondo Federico*
> *E'l Cardinale; e degli altri mi taccio...*
>
> (Inf., x, 119.)

XVII

Lucera, le 16 novembre.

Grâce à un chemin de fer local qui marche à peu près comme un tramway à vapeur, la vieille cité de Lucera n'est plus qu'à trois quarts d'heure de Foggia. Il est impossible de traverser même de cette façon toute tranquille et bourgeoise ce fragment de la vaste plaine de la Pouille sans se rappeler le drame d'histoire qui se joua ici, au XIIIe siècle; — et le roi Manfred, avec son charme de prince-poète, sa tragique fortune, sa femme si belle et si malheureuse, ses enfants dont le dernier finit par mourir à Naples, après cinquante ans d'emprisonnement; — et la première invasion française en Italie, celle de Charles d'Anjou, ce frère de saint Louis, convié par les Papes à prendre l'héritage des Hohenstaufens excommuniés. Cette tragédie vraie a été rapportée avec un rare mélange d'énergie et de simplicité à la fois par le vieux Nicolo de Jamsilla. Quoique ce soit un passage presque classique, pour tous ceux du moins qui se sont intéressés à cette sanglante légende des Souabes, je ne saurais résister au plaisir de transcrire la page où ce choniqueur raconte l'arrivée de Manfred lui-même à Lucera, à la suite d'une révolte de ses partisans. Peu de récits donnent davantage la couleur d'un temps. Tacite seul a des anecdotes pareilles, si courtes mais qui restent dans l'esprit comme le type d'un millier d'autres semblables. La révolte de quelques barons avait mis Manfred en danger. Poursuivi jusqu'au fond des Pouilles, il ne voit de refuge qu'à Lucera et parmi les Sarrazins de son père. Le voilà donc parti en avant avec une faible escorte, par une nuit du mois de novembre et chevauchant dans cette plaine, en route vers cet asile dont il n'était même pas sûr. La pluie tombait. « Elle augmentait, » dit Jamsilla, « les ténèbres de la nuit. Le prince et ses quelques compagnons ne pouvaient se voir l'un l'autre. Ils ne se reconnaissaient qu'à la parole et qu'au toucher. Ils ne savaient pas non plus où les portait leur route, ayant volontairement choisi d'aller à travers champs pour dépister toute poursuite possible. » Un certain Adenulfo Pardo les guidait, ancien veneur de Frédéric, qui connaissait le Tavoliere pour y avoir beaucoup erré avec l'empereur. Cherchant un point de repère, cet homme se ressouvint d'un vieux pavillon de chasse mis sous la protection de saint Agapit et construit à mi-chemin entre Foggia et Lucera. Le chroniqueur nous la décrit, cette maison, en quelques mots sans surcharge de pittoresque et qui en font une peinture inoubliable, « vaguement blanche dans l'obscurité de cette nuit. » Les hommes s'y glissent, trempés de pluie, avec leurs chevaux, et si lassés, qu'ils allument du feu contre toute prudence, au risque d'être découverts de Foggia ou de Troja qu'occupaient les ennemis. D'autres cavaliers avaient rejoint le prince en route, inquiets qu'il fût parti avec si peu de forces. Mais il était si défiant, même de ses Sarrazins, qu'il ne prit pour s'approcher de Lucera au matin que trois compagnons dont un parlait convenablement l'arabe. Arrivé sous les murs, il lui fallut se faire reconnaître, — trait si romanesque qu'il en semble romantique, — à ses beaux cheveux blonds. Même alors, on refuse de lui ouvrir à cause de la consigne donnée par le traître Jean le Maure, et, pour obéir

tout ensemble à cette consigne et à un scrupule
dernier de fidélité, les gardes de la porte lui conseillent d'entrer par un égout, lui disant qu'une
fois dans la place ils lui obéiraient. « Le prince
l'aurait fait, » ajoute naïvement Jamsilla, « malgré l'ignominie de ce chemin, à cause du fruit de
la victoire qui en devait résulter, car il faut passer
par des chemins étroits pour arriver à la gloire. »
Il saute de son cheval et, couché devant l'infâme
ouverture, commence de ramper au ras de terre.
A cette vue, les Sarrazins oublient les ordres du
gouverneur. L'humiliation du fils de leur cher
empereur les soulève de remords. Ils brisent les
portes et ils font à Manfred une entrée triom-
phale. Dégagée du détail particulier et interprétée dans sa signification profonde, cette anecdote suffit à montrer ce qu'était la discipline des
soldats de cette époque, combien fragile, combien
personnelle, et subordonnée à l'impression de
la minute !

Ce caractère incertain du dévouement de ses
troupes, Frédéric II l'avait bien vu. En trans-
plantant de Sicile en Apulie les Arabes révoltés,
puis en les enveloppant de privilèges, il se recru-
tait une garde prétorienne, inattaquable du moins

à la grande puissance de l'époque, à cette excom-
munication qui fit parfois du Pape l'empereur
des empereurs. Il s'agissait de bien persuader à
ces musulmans qu'il ne toucherait jamais, lui,
Frédéric, à leur religion, d'une part; et, de l'autre,
qu'en dehors de lui tout autour d'eux était hos-
tile. Il essaya de résoudre cette double difficulté
par cet exil, à la fois forcé et comblé. Le choix
de cette Lucera dressée sur un roc, en plein cœur
de la Pouille, fut un trait de génie. Où qu'ils se
tournassent, les Arabes ne voyaient à l'horizon
que les remparts de villes chrétiennes, par conséquent hostiles. Eussent-ils voulu s'échapper, ils
étaient pris avant d'avoir gagné la mer. Mais
pourquoi, la première nostalgie passée, auraient-
ils tenté de rejoindre la Sicile et leur val natal de
Mazzara, tout planté d'aloès et de cactus, avec ses
temples ruinés sur ses hauts promontoires, les
« maisons des idoles, » comme ils les appelaient?
Dans l'enceinte fortifiée que l'Empereur leur attri-
bua, n'avaient-ils pas leurs mosquées, leurs juges
avec leurs lois, leurs coutumes, leur langue? Plus
tard, s'étant multipliés, ils débordèrent sur la ville
même et ils l'envahirent au point de désaffecter
la cathédrale et d'en expulser jusqu'au dernier
prêtre. Dans le début, ils se trouvaient un peu en

dehors, comme parqués dans la forteresse. Aujourd'hui, la ville de Lucera subsiste encore. C'est un gros bourg, avec des ruelles en pente, à l'aspect sauvage. Il y grouille une population visiblement africaine, mais qui n'est pas plus voisine du type arabe que celle du reste de ce royaume des Deux-Siciles si profondément mélangé de sang noir. Quand Charles d'Anjou rentra ici en vainqueur, il respecta, en effet, la ville. Du château que lui et ses successeurs attaquèrent à plusieurs reprises, ces terribles soldats, et le temps plus destructeur qu'eux, ont fini par ne laisser qu'une enceinte.

Pour la gagner, on doit subir un petit quart d'heure d'une voiture primitive lancée au trot d'un cheval, dont le pied plus ou moins sûr glisse le long des talus ravinés. On arrive ainsi à un plateau où la seule construction encore debout auprès du château est un couvent à demi désert. Deux moines le gardent, d'une mine si farouche, qu'à une autre époque, le redoutable cardinal Ruffo, qui faisait dans ces contrées une guerre aussi pieuse que féroce, les eût certes enrégimentés. Dans cette solitude, la vieille enceinte Sarrazine apparaît plus formidable encore. Elle est construite dans une pierre rouge, et le plan de la fondation est visible rien qu'au développement démesuré qu'elle occupe. Le mur s'étend sur un pourtour de près d'un kilomètre, et il sui. d'une manière très exacte l'escarpement du rocher, y dessinant ainsi comme une Lucera à côté de l'autre. Le mot de château n'est plus exact, c'est ici une véritable cité bâtie hors de la cité. Des tours carrées de place en place font saillie et forment comme des bastions isolés, qu'il fallait prendre un par un, comme autant de petites places fortes. Des tours plus fortes bombent aux angles, toutes rondes, asiles ménagés pour une résistance suprême. Un fossé très profond a été creusé du côté qui regarde la ville. La porte ménagée à l'Est se trouve placée d'une manière très habile sous le donjon même et dans un angle si rentrant que toute surprise était manifestement impossible. En fait, cette formidable défense eut raison des plus furieuses attaques. La place ne fut jamais réduite que par la famine : sans canons elle était invincible.

Les débris de ce donjon, de l'énorme bâtisse carrée qui achevait ainsi la sécurité en dominant la porte, se voient encore. Ce sont même les seuls bâtiments qui restent. Tous les autres bastions et les tours rondes forment comme des décors de théâtre, une ligne extérieure derrière laquelle il n'y a plus rien, pas même une ruine. Le contraste est saisissant entre le remarquable état de conservation du grand pourtour et la nudité sinistre de l'espace ainsi encastré. On se trouve, la porte une fois franchie, dans un immense et mélancolique champ de gazon, où l'inégalité du sol, bossué çà et là, ne permet même plus de s'imaginer quelle sorte de construction se dressait ici, ou plutôt de constructions, car cet enclos enserrait un peuple entier distribué en familles indépendantes. L'endroit est propice pour de petites maisons bâties à la manière arabe, pour des rues étroites et sinueuses, enfin pour l'appareil d'une sorte d'acropole de guerre. Des fragments innombrables de poterie jonchent l'herbe. Leur antiquité devient suspecte lorsque l'on songe que ce terrain vague sert, depuis des années, d'emplacement aux fêtes publiques. Les gens de Lucera et ceux des villages environnants viennent ici plusieurs fois par saison manger, boire, danser et se divertir. L'imaginatif Lenormant s'est donc un peu pressé de reconnaître dans ces débris les indices d'une fabrication spéciale aux Sarrazins. Quand on a discerné dans la forme des tours, avec la base de leurs murailles en talus, les principes de fortifications propres aux Arabes, — ce qui, d'ailleurs, est une découverte un peu naïve, — on a épuisé tout ce que cet endroit fournit de données positives à l'archéologue. Mais les sources de rêverie qui jaillissent de ce sol pétri de la plus tragique histoire sont, elles, inépuisables. Cette *Lucera Saracenorum* avait donc son cœur ici, dans l'enclavement de ces murs. C'est ici que Frédéric habitait son palais meublé suivant sa fantaisie compliquée, mélangeant à un luxe de monarque asiatique des goûts plus délicats d'humaniste. Il songeait sans cesse à l'embellir. On le voit, au cours d'une campagne en terre romaine, dépouiller un couvent de deux bronzes antiques et les envoyer ici pour en parer son harem. Ici et tandis que Charles d'Anjou livrait à Manfred la bataille de Bénévent, la femme du prince Souabe, Hélène d'Épire, la reine à la beauté grecque comme son nom, attendait, pleurant et embrassant ses fils, l'issue du combat. De quel regard elle fouillait cet horizon qui, du haut des remparts, s'étend, comme il s'étendait, si vaste, si nu, si désert! Le moindre messager devait lui être visible à des lieues et des lieues dans cette plaine où ne pousse pas un arbre. Ici les malheureux Sarrazins, tous leurs princes tués, furent assiégés par les rois d'Anjou à plusieurs reprises jusqu'à ce dernier investissement raconté avec une tranquillité si terrible par un autre chroniqueur, Saba Malaspina : « Beaucoup parmi les assiégés sortaient pour ramasser de l'herbe dont ils se nourrissaient comme des bêtes. Il arrivait que par l'excès de leur faiblesse ils ne pouvaient même pas se relever du sol. Les Français les tuaient ainsi et gardaient les plus valides pour les vendre comme esclaves. Quelquefois, par une curiosité cruelle, on leur ouvrait le ventre que l'on trouvait rempli de ces herbes. » Détail atroce et qui explique mieux que tous les commentateurs comment le grand poète du Moyen-âge italien a pu si aisément inventer dans son *Enfer* les férocités de ses supplices ! Les récits de l'époque les lui ont presque tous fournis. Ces pauvres Arabes de Sicile préféraient pourtant les effroyables rigueurs de ce siège sans espérance au reniement de leur foi religieuse. Leur adoration pour Frédéric et pour Manfred fut si forte qu'ils se soulevèrent une première fois contre Charles d'Anjou, à la seule approche de Conradin, le dernier des Hohenstaufen, — ce Conradin exécuté à Naples et dont l'Allemagne, prétendait ironiquement Henri Heine, ne pardonnera jamais la mort à la France. Les Sarrazins, eux, refusèrent de croire à cette mort. Leur première révolte avait été réprimée terriblement. Cela n'empêcha pas qu'un imposteur, s'étant donné pour le petit-fils de Frédéric, trouva encore leur sang à son service. Il fallut les exterminer pour triompher d'un dévouement qui achève de donner à cette colonie musulmane du César impie un caractère de poésie romanesque. La mélancolie du paysage, la solitude nue de cette enceinte, la ligne guerrière des murailles restées intactes, tout enfin dans cette ruine si peu visitée s'harmonise à ce souvenir. Longtemps après avoir descendu la colline on se retourne pour voir le rempart qui domine encore la plaine. On imagine sur le ciel bleu, entre les créneaux des tours rouges, des faces basanées de Maures tels que nous en peignent les vieilles fresques, de clairs turbans, des robes vertes, des cimeterres noirs, des armures damasquinées d'or. Les coupoles des blanches mosquées bombaient par-dessus ces murs, et cette ville sans croix en pleine Pouille, à quelques journées de Rome, apparaissait aux chrétiens de ces temps comme une vision d'enfer. Le pape Innocent IV disait n'y jamais penser : « sans avoir la sensation d'une épine enfoncée dans l'œil de l'Église ! » — Que Frédéric I I ait osé cela montre plus encore que ses questions sur l'immortalité de l'âme et l'éternité du monde la force de son scepticisme.

XVIII

Bari, le 18 novembre.

Arriver à Bari aussitôt après avoir quitté Lucera, c'est sauter par-dessus six ou sept cents ans, malgré la proximité relative des deux endroits. Tandis, en effet, que l'ancien refuge des Sarrazins demeure presque intact à travers les âges, ici les tremblements de terre furent si fréquents et si durs que la moitié de la ville ne date pas d'un siècle, et je la trouve, pour ma part, charmante, cette cité neuve avec ses larges rues à angles droits qui permettent sans cesse de voir la mer à leur extrémité, comme à Turin on voit les Alpes, et quelle douce, quelle voluptueuse mer, celle dont parle la *Leuconoë* du poète :

... La mer voluptueuse où chantaient les Sirènes,

et bleue de ce bleu si profond, comme d'un saphir fondu, où il semble qu'un objet se teindrait d'azur en s'y plongeant! Les maisons qui bordent ces rues me font souvenir de Tanger et de Cadix dans leur intense blancheur. Elles sont toutes passées à la chaux, carrées, massives, et beaucoup présentent cette particularité de montrer, par-dessus leur premier étage fini et visiblement habité, un second étage inachevé. Il paraît que les difficultés de commerce survenues entre l'Italie et la France ont tout à coup ralenti la prospérité de Bari. Elle s'était enrichie prodigieusement, m'affirme-t-on encore, par l'exportation des vins de la Pouille, très épais et propices aux coupages, à l'époque où le phylloxera dévasta nos vignobles. Je n'ai pas vérifié ces assertions, ne me souciant pas de gâter la douceur de mon voyage par l'inutile rappel de cette triste politique, qui fait qu'aujourd'hui partout, en Europe, on retrouve le fantôme de la guerre déclarée ou menaçante. C'est le fatal résultat de la théorie des nationalités, si imprudemment conçue et réalisée par les régimes issus de notre malheureuse révolution, au rebours de l'œuvre profondément politique des anciennes et bienfaisantes monarchies. Un conflit sanglant de toute l'Europe

pourra-t-il, désormais, être évité ? De quel orage
sont grosses ces nuées dont on aperçoit l'ombre
projetée de tous les horizons ? Ah ! n'y pensons
pas, et plutôt écoutons le philosophe du *Banquet* : « Comme un voyageur assailli d'un violent
orage s'abrite derrière un petit mur, contre la
poussière et la pluie que le vent soulève, de
même, quand tu ne peux rien contre la tempête
qui menace les États, tiens-toi en repos, occupé
au travail de ton âme, et estime-toi heureux si tu
peux passer cette vie pur de toute action inique,
et en sortir plein de calme et de douceur, avec
une belle espérance... »

Ce conseil du plus grand des païens et du plus
pur après Marc-Aurèle, mais d'un païen tout de
même, semble devoir être suivi plus aisément
à mesure que l'on s'approche de la Grèce
et de ces villes de l'extrême Midi Italien. C'est
déjà un coin de la terre Hellénique, et c'est,
à coup sûr, un sol païen. Quand la fièvre les
épargne, ces villes donnent, malgré les vulgarités
de la civilisation moderne, une telle impression
de vie opulente, facile et comblée. Quel que soit
le chiffre de son commerce actuel, cette claire
Bari, par exemple, assise au bord de cette mer

de saphir fondu, m'est apparue dans cette chaude journée de novembre comme si propice à cet esprit d'invincible naturalisme que Sainte-Beuve a ramassé dans ces deux vers, refrain de son *Églogue napolitaine* :

Paganisme immortel, es-tu mort ? On le dit.
Mais Pan, tout bas, s'en moque et la Sirène en rit.

Plus prosaïquement et rien qu'à visiter le marché qui se tient tout près du vieux port dans une vaste halle, la félicité matérielle de cette terre, bénie des dieux antiques, éclate à mille signes. C'est le plus riant, le plus multicolore étalage de fruits, rangés avec une coquetterie de propreté qui dément les communes légendes. Les raisins dorés ou noirs amoncellent dans les paniers leurs grappes allongées. Les grenades ouvertes montrent leurs grains rouges. Les melons d'eau, les poires brunes, les petites pommes blanches qui fleurent le muscat, alternent avec des noix grosses comme des pêches. Les paniers regorgent d'énormes figues séchées et toutes saupoudrées d'anis. A côté de ces fruitiers à demeure, des paysans vendent des volailles et du gibier dans une profusion qui en explique le bon marché. Je vois une bourgeoise d'ici acheter deux canards

vivants moins de trois francs et des grives à deux
sous l'une. Tout auprès, la poissonnerie justifie,
par la variété des espèces détaillées à la criée, le
vieil adjectif de *piscosum,* qu'Horace applique à
la ville. La nacre bleuâtre ou rose des écailles
étincelle quand le soleil les frappe, et les marchands rient à belles dents, bistrés, sensuels, à
demi nus dans cette lumière. Si l'on songe que le
vin est ici le produit national, et, par conséquent,
aussi commun et aussi peu coûteux qu'il peut
l'être à Bordeaux; que les vastes pâturages de la
Pouille fournissent plus de viande qu'aucune
autre partie du royaume; que, tout auprès, Foggia
reste célèbre par les réserves de blé entassées
dans les caves creusées à même le sol de sa place
publique, on ne s'étonnera plus que les émigrants
Italiens, partis par esprit d'aventure, rêvent toujours du retour, et moins encore que cette terre
ait été tant disputée. Depuis Hannibal, qui livra
tout auprès sa sanglante et inefficace bataille de
Cannes, jusqu'au roi Murat qui fut le restaurateur
de Bari, que de guerres! Au Moyen-âge, le prince
de Bénévent tour à tour et de nouveau les musulmans ont assiégé et pris cette ville que le roi
normand, Guillaume le Mauvais, fit raser en 1156.
Un autre roi normand la rebâtit, et la ville

devient un point de départ pour les Croisades. Puis les grandes guerres recommencent et les sièges et les batailles dont le vieux quartier garde la trace, avec ses maisons serrées autour de l'église où reposent depuis huit cents ans les restes de saint Nicolas. Là un lacis de rues étroites et tortueuses, pressées de murs, vraisemblablement hantées d'épidémies, difficiles à entretenir et à nettoyer, attestent l'œuvre fatale de l'insécurité, tandis que la cité nouvelle, avec son air de libre épanouissement, s'adapte bien au paganisme natif qui faisait de la Grande-Grèce, dont voici le bord, un paradis de volupté et ce simple détail montre l'avenir promis à ce sol de richesse, — *si qua fata aspera rumpas*, disait déjà à cette belle Italie le poète qui l'a le plus aimée et qui en a le plus senti les misères !

Sainte-Beuve avait raison. Les Dieux anciens n'ont jamais entièrement quitté ce ciel et cette terre. L'immortel paganisme, même dans ce dur Moyen-âge, se rencontrait mêlé partout au triomphe de la religion rivale, sinon pour la corrompre, au moins pour altérer son caractère de pure spiritualité. Cette permanence secrète des vieux Olympiens a son symbole dans ces églises

où les colonnes des cryptes gardent encore sur
leurs chapiteaux les emblèmes des temples impies
auxquels elles furent enlevées; où les devants
d'autels sont des débris de sarcophages ornés
encore de leurs sculptures; où les moindres détails révèlent le besoin exaspéré de l'image, du
mythe rendu palpable et concret, de ce sensua-
lisme mystique, qui est encore une piété mais
inquiétante et déjà trouble. Je viens d'entrer
dans cette très curieuse église, vouée aux reliques
de saint Nicolas, sur la façade de laquelle se
voient d'étranges colonnes supportées par des
bœufs, ceux qui traînaient le corps du saint et
qui se sont arrêtés là, et c'est par douzaines
que j'ai pu compter les Madones habillées dans
le goût espagnol, avec une magnificence d'atours
trop voisine de l'idolâtrie. Des pierres brillent à
leurs oreilles et à leur cou, la soie de leur robe
étincelle d'argent. Les sept glaives de douleur
sont figurés, ici par sept petits poignards d'or,
là par un simple stylet, mais il est de vermeil
avec un manche ciselé. Leurs pieds sont chaussés
de bas à jour et de souliers où flamboient des
boucles de strass. Une d'elles porte des bagues
à ses mains; une autre, des gants, et cette dernière déploie un mouchoir de batiste sur lequel

est brodée une M surmontée d'une couronne.
Il faut un effort à un voyageur qui n'est pas
né dans le Midi pour comprendre que le sentiment du mystère, fonds premier de toute religion, puisse s'allier à une pareille précision de
détails représentatifs. Elle s'y allie cependant,
comme on s'en convainc, à regarder les fidèles
agenouillés devant ces statues. Les images sont
plus qu'à demi païennes, et pourtant ces dévots
prient chrétien, si l'on peut dire. J'ai vu ainsi dans
ce Saint-Nicolas de Bari une vieille dame en orai-
sons lever vers la Madone un visage usé, creusé
par la vie. Elle était tout en deuil, avec des yeux
brûlés d'avoir pleuré, une tristesse infinie dans la
bouche, et de ses mains à mitaines, serrées dans
un effort, elle offrait visiblement sa douleur à
l'autel où elle s'agenouillait. Visiblement aussi,
elle regardait dans la Vierge placée sur cet autel,
et qui était justement la Marie au mouchoir brodé,
quelque chose que je n'y discernais pas, comme
un ami qui conserve d'un ami mort un objet
insignifiant et dont il repaît sa tendresse. Il faut
admettre que la loi, si nettement formulée par
M. Taine, sur la diversité irréductible entre les
formes premières d'imagination, et qui reste la
grande découverte de la psychologie nouvelle,

est vraie de la piété comme des arts, et ne pas trop imiter les livres de voyage anglais que ce contraste entre le fond chrétien et la forme païenne incite toujours à la moquerie ou à l'indignation. C'est un effort difficile, je l'avoue d'ailleurs, à la première rencontre, mais on le doit à la sincérité de ceux qui trouvent de quoi valoir mieux dans ces pratiques si évidemment nationales, puisqu'elles se rencontrent partout dans ce bas de la péninsule.

Je n'insisterai donc pas sur la visite que j'ai faite dans la crypte de cette même église Saint-Nicolas, où se trouvent enfermées dans un autel d'argent les reliques du Saint. Si les enjolivures de cet autel, qui remonte au XVIIe siècle, ne conviennent guère à une église du style roman, à ce funèbre caveau voisin de la catacombe primitive, le commerce qui se fait de la manne distillée par les os du Saint convient moins encore à un endroit religieux, et moins encore la physionomie des personnages qui se livrent à ce commerce. Je retrouve ici cette étrange population de dangereux sacristains à caractère de demi-bandits qui infeste les églises de Séville. J'essaye d'oublier ces misères pour me ressouvenir seulement des fresques d'Assise, où un naïf élève de Giotto a représenté les miracles de cet évêque de Myra, si touchant par sa naïve légende, qui fait de lui un patron vraiment populaire, le protecteur des enfants, des marins, des prisonniers, des esclaves. C'est un Saint pour les humbles, pour les pauvres, et que des pauvres aussi ont apporté dans cette ville. Ces matelots, qui enlevèrent ces reliques à un tombeau ruiné d'Asie Mineure gardé par trois moines et sans cesse à la veille d'être pillé par les musulmans, ne se sont pas trompés en croyant assurer à leur Bari un protecteur qui durerait. Aujourd'hui encore, ces restes de saint Nicolas sont demeurés la principale curiosité de la ville. Ils ont été depuis des siècles une occasion de voyages innombrables et entrepris par toutes sortes de pèlerins, parmi lesquels s'est trouvé, comme je crois l'avoir déjà noté, saint François d'Assise. Oui, le Stigmatisé est venu ici. Il est descendu dans cette même crypte, lorsqu'il vint fonder à Bari un des mille couvents que sa règle suscita aussitôt. Ici, dans cette ville païenne, posée presque en face de Corfou, l'île de Nausicaa, il se rencontra avec ce grand incrédule de Frédéric II. Une inscription du château fait allusion à une plaisanterie que l'empereur aurait machinée contre le moir.e. Ce *practical joke* paraît avoir consisté dans quelque tentation d'un ordre très simple. « C'est là, » dit en effet cette inscription, « qu'une fille lascive, ou plutôt la férocité d'une hydre de feu, fut domptée par François... » On imagine assez que l'ironie du prince sceptique se soit complue à éprouver de la sorte le représentant le plus illustre de la foi naïve et simple. Ce trait qui rappelle la scène fameuse de don Juan et du pauvre achève de peindre Frédéric sous son vrai jour de railleur Voltairien égaré au cours du Moyen-âge. L'anecdote n'est cependant rappelée, à ma connaissance, ni dans les *Fioretti,* ni dans l'ouvrage de saint Bonaventure. Les admirateurs de François ont-ils craint d'évoquer seulement le souvenir de l'empereur sacrilège, ou sans doute ces récits furent composés d'après les confidences de saint François lui-même sur ses visions; et, par modestie ou par décence, le *poverello* n'a-t-il pas cru devoir révéler à ses fidèles cette aventure scandaleuse? D'ailleurs rien n'est simple dans ce Frédéric qui se vantait de n'avoir jamais tenu quelqu'un entre ses mains sans l'avoir « vidé comme un meunier fait un sac de blé pour son moulin. » Peut-être avait-il poursuivi dans cette mystification un but politique en même temps qu'il exerçait sa profonde et sarcastique ironie. Son coup d'œil d'homme d'État ne dut pas se tromper sur la portée de l'Ordre fondé par le Saint. Ce mystique amant de la chrétienne pauvreté, qui voulait recruter uniquement des âmes au Dieu de douleur, s'est trouvé avoir forgé l'outil le plus redoutable d'agitation démocratique qu'aient eu les Papes, — de même que cet admirable maître de la vie intérieure, Ignace de Loyola, a forgé pour Rome l'outil le plus puissant de domination spirituelle. Cette force populaire des Franciscains apparut, aux plus aveugles, lorsque ces moines allèrent, quelques années plus tard, distribuant de petite ville en petite ville les lettres du Pontife contre l'empereur. A la date de 1229, on trouve dans la Chronique de Richard de San Germano la note suivante, qui en dit long dans sa sécheresse : « Les Frères Mineurs furent expulsés de tout le royaume sous l'accusation d'avoir colporté des lettres apostoliques afin d'induire tous les citoyens à se soumettre au Pape... » Frédéric II avait-il, dès 1220, — c'est la date de sa rencontre avec saint François, — prévu cette action des Frères Mineurs sur la foule, et comprenait-il que la force invincible de cet Ordre résidait dans l'irréprochable réputation de sainteté du fondateur ?

Quoi qu'il en soit de cette petite énigme morale, la confrontation à cette place des deux mondes d'idées incarnés dans ces deux hommes ne frappe-t-elle pas l'imagination comme un de ces paradoxes de destinée où l'histoire confine au roman ?

Je l'ai retrouvé, ce romanesque de l'histoire, dans l'endroit où je l'attendais certes le moins, et sous une forme très familière, mais d'autant plus saisissante. Après beaucoup d'efforts et à travers les fatigantes complications de démarches qu'un de mes amis de ce côté des Alpes appelle spirituellement le *destino Italiano,* j'étais arrivé à me faire ouvrir les portes du palais de l'Atenco. J'y visitais les salles réservées à un Musée ou plutôt à un commencement de Musée. Sa richesse consiste, d'après le Guide, en un petit nombre de vases italo-grecs découverts dans les fouilles que l'on exécute, avec plus ou moins de régularité selon les budgets, sur cette côte, à Monopoli, à Egnazia, à Fasano. Et le livre de voyage a raison de désigner ces vases de Bari comme d'intéressants exemplaires du genre, mais secondaires. Ce sont presque toujours les mêmes scènes : des bacchanales, des combats, des jeux, quelquefois

une femme à sa toilette. Sans doute les figures
enlevées tantôt en noir sur fond rouge, et tantôt
en rouge sur fond noir, ne datent pas de la même
époque. La différence des factures, ici la finesse
serrée, ailleurs l'incertitude et la surcharge, révèlent tantôt la divine jeunesse du génie grec, tantôt
le génie troublé de la décadence latine. Mais des
connaissances trop spéciales sont nécessaires pour
apprécier le détail de ces nuances. J'avoue donc
n'avoir guère été intéressé par elles, non plus
que par les monnaies de la Grande-Grèce qui se
trouvent ramassées là au hasard. Je reconnais
l'épi de Métaponte, le dauphin de Tarente, le
trépied de Crotone, le taureau furieux de Sybaris, le lion de Reggio, l'aigle d'une Augustale.
Seulement les monnaies veulent être maniées
dans tous les sens pour être étudiées, et il est
trop naturel que cette manipulation soit inter-
dite aux visiteurs de passage. Il y a bien encore
dans ce Musée quelques panneaux très intacts.
dont un représente un Archange qui tue le
Dragon. Ils sont l'œuvre du Vénitien Bartolommeo Vivarini qui a laissé aussi une peinture près
du maître-autel à Saint-Nicolas, et ils montrent
à un haut degré les qualités de ce rare artiste : la
force du coloris jointe à cette netteté presque

dure du dessin qui rappelle Mantegna. Malheureusement, ces panneaux ne sont qu'en tout petit nombre. Aucune pancarte n'indique d'où ils viennent, et, ne les ayant trouvés mentionnés ni dans le Bædeker, ni dans le livre si complet de Sir Henry Layard, je ne peux que les indiquer aux voyageurs plus compétents, plus autorisés pour discuter l'authenticité et la valeur d'une peinture. J'aurais donc quitté l'Ateneo sans avoir glané une sensation vraiment neuve, si le hasard ne m'avait fait remarquer sous une vitrine le plus vulgaire des objets, et, par cela même, le plus significatif, le plus capable de donner une impression de réalité concrète et présente. Ce n'est, cet objet, qu'un nécessaire de voyage en argent dont les pièces emboîtées les unes dans les autres tiennent toutes, malgré leur nombre, dans une caisse d'acajou ovale, très plate et facilement manœuvrable. Cette caisse a dû, en effet, voyager beaucoup et vite, car, sur les objets comme sur le couvercle, se voit le chiffre J, et c'était le nécessaire de campagne de Joachim Murat, de ce fils d'aubergiste devenu, par la volonté de Bonaparte et son entourage, roi de Naples et des Deux-Siciles, sans cesser d'être prince français et Grand Amiral. Les belles monnaies, où son noble et théâtral profil apparaît, tout coiffé de cheveux qui bouclent, racontent aussi ce détail. Devant ces ustensiles d'argent qui ont suivi le grand cavalier dans ses guerres, la brillante fantasmagorie du premier Empire s'évoque irrésistiblement. Ce que cette époque a d'invraisemblable en même temps que de grandiose, éclate à nouveau par les contrastes d'histoire que suppose cette relique militaire placée d'une manière légitime entre ces débris de la Grèce antique et du Moyen-âge! C'est un rien, et, si l'on se reporte par la pensée à un siècle en arrière, en 1788 seulement, l'étrangeté de cette destinée stupéfie comme ferait un conte des *Mille et une Nuits* devenu tout d'un coup possible et vrai.

Je viens précisément de relire l'histoire tout entière de ce règne si court de Murat, en la complétant par le dramatique récit que Lenormant a écrit sur place de l'exécution du prince au Pizzo. Il y cite, — et cela vaut toujours la peine de rappeler des monuments comme celui-ci pour dénoncer les monstrueuses iniquités des haines politiques, — ce décret d'après lequel le beau-frère de Napoléon aurait été mis en jugement:

Ferdinand, par la grâce de Dieu, etc., etc., avons décrété et décrétons ce qui suit :

Art. 1er. Le général Murat sera traduit devant une commission militaire dont les membres seront nommés par notre ministre de la guerre.

Art. 2. Il ne sera accordé *au condamné* qu'une demi-heure pour recevoir les secours de la religion.

Naples, le 9 octobre 1815.

FERDINAND.

Aucune aventure plus que celle de l'exécuté du Pizzo ne permet de saisir le procédé de conquête napoléonien, et tout à la fois son audace, son incohérence et sa portée. En 1808, l'empereur a besoin de son frère Joseph pour gouverner l'Espagne ; il l'enlève de Naples comme il eût déplacé un préfet, et, par un statut daté de Bayonne, il donne le trône à Murat, sans plus d'hésitation ni d'explication. Il ne s'agissait, en fait, que d'une besogne de préfet, c'est-à-dire d'exécuter des desseins du maître. Joachim, qui avait rêvé, après son entrée à Madrid, le trône d'Espagne, au point, raconte Marbot, d'en avoir fait une maladie lorsqu'il sut le choix de l'Empereur, sentait trop le joug de ce maître. Il se plaignait amèrement, avec son éloquence soldatesque, de n'être « qu'un roi d'avant-garde. » On le voit, par force, reprendre aussitôt l'œuvre commencée par Joseph. Elle consistait, selon la formule du César moderne, dans une application des lois du jeune empire français à cette vieille monarchie des Deux-Siciles. Napoléon, ici comme ailleurs, voulait que l'on reconstruisît avant même d'avoir fini d'abattre. La guerre d'envahissement continuait. Les Bourbons tenaient la Sicile; les Anglais, Capri, Procida, Reggio, Scylla. D'innombrables brigands royalistes infestaient les routes. N'importe. Joachim devra se battre et légiférer à la fois. Il entre donc en campagne, sur terre et sur mer, et, en même temps, il décrète, coup sur coup, des mesures qui étaient bien étrangères à ses soucis habituels : l'abolition des droits féodaux, l'unité des impôts, l'extension des écoles, la régularisation de la justice, la création et l'entretien de voies publiques, le recrutement d'une armée nationale. Telles furent les lignes principales d'un programme qui eût voulu la paix et le temps. Or, au même moment, l'empereur, lui, suivant son habitude de faire suer à l'énergie humaine jusqu'au dernier suc de sa dernière fibre, réclame tour à tour des troupes à son beau-frère pour l'Espagne, pour le Tyrol, pour

Wagram, contre les États de l'Église. Enfin, il le prend lui-même et son armée en bloc, et il coule le tout dans ce fleuve d'hommes qu'il précipita d'Occident vers la Russie en 1812!

Il semble qu'aucune trace n'eût dû rester d'un règne si court, et ainsi employé. Cependant lorsque Ferdinand Ier regagna le palais de ses pères sous les regards de la sœur de Bonaparte prisonnière dans la rade, à bord d'un vaisseau anglais, il dut faire comme Louis XVIII en France et coucher dans les draps de l'Usurpateur. Les Français avaient été chassés, mais leurs lois restèrent. Circello, Medici et Tomasi, les trois ministres du roi restauré, rendirent bien leurs propriétés confisquées aux émigrés, mais ils indemnisèrent par des rentes tous les établissements fondés par Joachim : monts-de-piété, hôpitaux, sociétés industrielles et scientifiques, — en sorte que les grosses réformes d'instruction et d'administration se trouvaient légalisées. Les mêmes ministres essayèrent bien de donner des avantages aux officiers venus de Sicile, mais ils durent garder et les troupes et les cadres de Murat, ne fût-ce que pour réprimer le brigandage, — et l'armée nationale était créée. Ils modifièrent bien le Code civil sur quelques chapitres, celui du divorce par exemple et des successions, mais ils laissèrent subsister les grandes lignes, — et l'égalité devant la loi était établie. Ils supprimèrent le Conseil d'État, mais sans plus toucher au système communal et provincial qu'ils avaient trouvé ébauché à leur retour et plus commode à manier que l'ancien. Ici comme partout, l'empereur et ses lieutenants ont donc fait besogne de révolutionnaires, même en rêvant, comme leur chef et surtout comme Murat, les magnificences monarchiques, la sécurité reconnue du trône, une place définitive dans le Sénat des vieilles royautés d'Europe. Tout ce terrible esprit de démocratie cosmopolite, dont cette Europe mourra d'ailleurs selon toute vraisemblance, le beau cavalier qui fut le roi de Naples l'a promené en croupe avec lui, comme les autres maréchaux de Napoléon, pêle-mêle avec les cuvettes, les rasoirs, le petit appareil à café et à thé, les coquetiers, les tasses, enfermés dans cette boîte plate. Je la regarde et je revois les aubes de bataille où ces outils de frivolité étaient dressés dans la tente, la sauvage gaieté du prince, sur le point de monter à cheval avec sa simple cravache, ses costumes de paladin moderne, la splendeur de sa fougue, qui faisait de lui, comme

Michelet le dit superbement de ses rivaux en ca-
valerie Lannes et Lasalle, « un grand drapeau
vivant. » Je revois cette fin tragique et son dé-
barquement au Pizzo, lorsque, voulant imiter son
impérial beau-frère et risquer, lui aussi, son retour
de l'île d'Elbe, il fut trahi par l'infâme Maltais
Barbara. Sa vie politique avait été obscurcie dans
les dernières années par ses ambitions trop personnelles, mais comme il sut mourir! Avec quelle
fierté, reprenant dans le danger l'énergie des
anciens jours, celle d'Égypte et d'Italie, il ré-
pondit au juge qui voulait l'interroger : « Je
suis Joachim Napoléon, roi des Deux-Siciles;
maintenant, Monsieur, sortez! » Avec quelle
bonne humeur d'officier de houzards il dit au
chanoine Masdéa, auquel, cinq ans auparavant, il avait accordé de l'argent pour reconstruire l'église détruite par un tremblement de
terre : « Eh bien! Monseigneur le chanoine, je ne
me doutais guère, il y a cinq ans, que je donnais
de l'argent pour mon tombeau! » Avec quelle
coquetterie, cette fois sublime, il cria aux soldats :
« Respectez mon visage, et visez au cœur! » Et il
mourut ainsi, jeté dans la fosse commune, au
moyen d'un cercueil dont la corde se rompit, si
bien que, la caisse s'étant brisée dans la chute, il

fut impossible de jamais retrouver ses restes et que son tombeau de Bologne avec sa statue d'un mauvais goût si fastueux.par l'outrance de la décoration est un tombeau vide. — Il avait quarante-quatre ans!

XIX

Brindisi, le 19 novembre.

Je me suis arrêté à mi-chemin entre Bari et Lecce pour visiter l'antique Brindisi, cette Brentesion des Grecs où mourut Virgile, cette Brundisium des chroniques du Moyen-âge où Frédéric II épousa la belle Yolande de Jérusalem. C'est, aujourd'hui, une ville aux rues tortueuses, aux maisons mal bâties, qui ne vit que de son port et pour son port. Les voyageurs prennent à peine le temps d'y passer entre les trains qui viennent du Nord et les bateaux. Aussi cette station ne possède-t-elle même pas une gare comparable à celle d'Auxerre ou de Fontainebleau, quoiqu'elle marque la grande étape de l'Occident vers l'Orient. Quant au buffet, c'est, comme on dit ici, une *betola* de cinquième ordre, où il est quasi impossible de déjeuner. Heureux quand on trouve des voitures pour aller de cette gare à la mer, jusqu'à ce quai où l'on s'embarque pour la Grèce, l'Égypte, les Indes... Là, en revanche, c'est un enchantement de voir la vaste rade développer sa nappe deux fois protégée par la forme du terrain d'abord, qui a valu à Brindisi son nom primitif de *Tête de Cerf,* par la puissante digue ensuite, avec des blocs de rochers énormes dressés contre l'envasement du port et contre la malaria, sa fatale conséquence. L'eau verte clapote sous les coques rouges et noires des paquebots, les mouettes volent, rasant cette eau. Quelques heures sur cette mer, et c'est Corfou. Voici trois ans que, par une nuit d'hiver palpitante d'étoiles, je m'embarquai sur ce même quai afin de gagner cette île qui m'était restée comme une vision ineffaçable de ma première jeunesse. Pour un rien, je sens que je remonterais avec délices sur un des vapeurs qui seront là-bas demain en vue de cette merveilleuse montagne de San Salvadore, que les Grecs appellent le Pantocrator. Elle a la forme d'un colossal autel dressé vers le ciel, et l'on croit voir, au soleil couchant, flotter au-dessus, dans le ciel, les voiles d'or, d'azur et de pourpre de l'Olympe antique. Le hasard veut que j'aie emporté avec moi le Guide de l'Italie méridionale que j'avais alors. Sur la feuille de garde, je retrouve des vers inachevés que je m'amuse à recopier ici, par souvenir du réveil qu'ils me représentent sur le pont du bateau, moins de quatre jours après avoir quitté un Paris brumeux, boueux et glacé·

Avec ses frais vallons verdoyants d'oliviers
Et l'onduleuse mer bleuissante à leurs pieds,
Je vois se dessiner Corfou, l'île bénie.
La ligne des grands monts neigeux de l'Albanie,
Vers la gauche, blanchit sur l'azur du ciel clair,
Et sous le ciel paisible, et sur la douce mer,
Le bateau va, tendant d'immobiles cordages
Où les blancs goëlands mêlent leurs vols sauvages.
Par ce jour de décembre une brise d'été
Souffle languissamment sur le golfe enchanté,
Et cette brise tiède et toute parfumée
Semble une voix qui dit : « Sans une bien-aimée,
Réponds, que viens-tu faire ici, jeune étranger ?... »
— « O Nature, je viens t'adorer et songer,
Évoquer les lointains, les sublimes fantómes,
Qui depuis six mille ans charment le cœur des hommes,
Ulysse vagabond et la fille du roi.
Je viens pour raviver le sentiment en moi
De la beauté païenne éparse sur tes grèves,
Et dont tant de rêveurs ont ennobli leurs rêves
Depuis le cher Virgile au cœur mystérieux,
Jusqu'à Byron, qui vint mourir sous ces beaux cieux... »

Ils devaient, ces pauvres vers, servir de prologue à tout un livre de mes *Nostalgiques* intitulé :

Hélène. Je l'ai rêvé, ce livre, sur ce pont de bateau, et il est demeuré un rêve comme tant d'autres poèmes caressés en idée et jamais réalisés. Mais quoi ? Un voyage en Italie et en Grèce, ne dût-il donner que cette illusion pour quelques heures d'un renouvellement de la source intérieure si vite tarie par la vie, ne vaudrait-il pas la peine de l'entreprendre, et encore pour certaines suggestions grandioses comme je viens d'en éprouver une dans cette nouvelle et rapide visite à Brindisi ? Après ce coup d'œil jeté sur le port et troublé par ce souvenir d'une ancienne absence, je me suis laissé conduire à la petite place, pas très éloignée du quai, où se dresse une colonne grecque non cannelée, que couronne un chapiteau historié de figurines. « C'était ici, » me dit l'ami qui m'accompagne, « la fin de la voie Appienne... » Cette simple phrase suffit pour me faire tressaillir de ce frisson que connaissent bien tous ceux qui ont gardé ce que j'appelle, faute d'un meilleur mot, la *sensation de l'histoire.* L'idée que la reine des routes, commencée parmi les glorieux tombeaux, arrivait de Rome droit à cette place pour pousser ses branches par delà les mers sur les sables d'Asie et d'Afrique, me rend présent dans un éclair cet *imperivm romanum,* dont la splendeur disparue a fasciné tout le Moyen-âge. La main-mise de ce peuple sur le monde se fait pour ainsi dire palpable, rien qu'à regarder ce débris de cette voie dominatrice qui allait, comme une grande rue de guerre, d'un bout à l'autre de la péninsule d'abord, puis du monde. On comprend l'orgueil dont un citoyen de la Ville Éternelle se sentait saisi, lorsque s'embarquant pour quelque province du Levant, il arrivait du Capitole, après avoir suivi jusqu'ici ce chemin que les légions avaient parcouru, elles, au départ et au retour de tant de campagnes. Cette magnificence du passé donne encore maintenant un caractère inoubliable au misérable carrefour où se dresse cette colonne isolée. Ce n'est pourtant qu'un terrain vague où l'herbe pousse. Sur le socle, les habitants du voisinage ont étendu des écorces de grenade qu'ils sèchent ainsi afin de les utiliser contre la fièvre. A côté, un autre socle marque l'emplacement où se voyait un second fût de marbre semblable au premier et qui terminait, semble-t-il, cette voie militaire par une espèce de Porte de Triomphe à jour. Les gens de cette ville ont vendu cette colonne à ceux de Lecce, et ces derniers en ont fait un piédestal à une statue de saint Oronte, avec une inscription insultante pour l'Hercule, ancien protecteur de Brundisium. Sur l'unique colonne qui demeure encore debout, et sur toutes les murailles de la petite place à l'entour, s'étalent des affiches multicolores. Nous sommes, en effet, à la veille des élections qui doivent consolider ou abattre le tout puissant Don Ciccio, comme les Siciliens appellent familièrement M. Crispi. L'hôte aimable, qui me fait les honneurs de la ville, est lui-même un des candidats, et son nom se trouve au bas d'une de ces professions de foi qui pavoisent la vieille cité. Tout à l'heure, en visitant sa maison, un grand palais d'une physionomie si ancienne, si faite de passé, j'ai pu voir sur sa table de travail le Journal d'Amiel, des volumes de mon cher maître M. Taine, des numéros de la *Revue philosophique*, toutes les traces enfin d'une haute culture cosmopolite. Je me demande, en marchant avec lui le long des rues, et le voyant prodiguer les coups de chapeau et les poignées de main, à quoi lui sert cette culture dans une épreuve où il s'agit pour lui de conquérir les suffrages de tous les illettrés du port. C'est toujours à une absurdité de cet ordre que se ramène cet étrange droit de suffrage dont le monde moderne est si fier, et dont la civilisation mourra. Stendhal disait : « J'aime mieux faire ma

cour à M. Guizot qu'à mon portier ! » résumant
d'une manière, piquante à son ordinaire, le paradoxe qui, mettant l'origine du pouvoir en bas,
asservit nécessairement l'intelligence au nombre,
par suite à la grossièreté. Quoique mon compagnon et moi nous ne parlions qu'à peine de ses
chances, les quelques mots qu'il échange avec
celui-ci ou celui-là me montrent qu'en Italie
comme chez nous il y a, dans toute candidature,
un mécanisme de manipulation, qui doit, tôt ou
tard, devenir une entreprise comme une autre.
C'est ce que m'exprimait naïvement un notable
Auvergnat avec qui je discutais le programme d'un
député de notre province et les probabilités de
la prochaine législature. « Entendons-nous, monsieur, » me dit le digne homme, « parlons-nous
politique ou parlons-nous élections ? » Si dérai-
sonnable et impure que soit cette origine du pouvoir, hélas ! c'est la seule, répondent à cela les
sages, et ne pouvant pas le changer, améliorons-la.
Comme il faut pourtant que les affaires de l'État
soient faites, on se prend ainsi à estimer ceux
qui, sans ambition mesquine, ayant le loisir
comme mon guide, la facilité du cosmopolitisme
devant eux, des goûts de dilettante, s'astreignent
à cette ingrate besogne de l'action publique.

Encore quelques années et quelques progrès dans le charlatanisme des concurrents, trouvera-t-on des gens de valeur pour ces sacrifices-là? Les démocrates seront heureux alors. Ils auront, selon toute probabilité, tué la France et l'Italie, et ils seront en train de tuer l'Angleterre. Oh! le hideux monde qu'ils nous préparent, qu'ils nous ont fabriqué déjà! Mais quoi! Des réflexions chagrines et de cet ordre n'ont jamais une grande opportunité. Un homme d'État, mais qui avait de l'esprit, cela se rencontrait souvent autrefois, a formulé un jour cette sage maxime, vraie de bien des choses de ce monde, et surtout de la politique: « Quand les événements ne vont pas comme on le désire, le mieux est d'attendre et de n'y plus songer... » Si j'avais eu, tandis que je suivais les ruelles de Brindisi, déjà pareilles à celles de Corfou, le magique rameau qui évoque les morts, et si j'avais pu ranimer le vieux poète qui a illustré cette ville par son gai voyage, j'imagine que ce moqueur d'Horace ne m'aurait pas donné d'autre conseil. Ou peut-être, en profond épicurien, m'eût-il conseillé de penser, au contraire, à la stérile fièvre de la démocratie italienne ou française pour me réjouir d'être en dehors du combat. Ni l'une ni l'autre de ces deux théories n'est bien noble, mais on se trouve excusable de les pratiquer lorsqu'on se sent dépourvu de toute ambition et que l'on a entrepris un pèlerinage de simple lettré dans un pays de poésie. Le fait est que j'ai, pour ma part, oublié bien vite qu'il existe un Parlement Romain ou Parisien, en visitant, après la colonne de la voie Appienne, les quelques autres curiosités de la ville, d'abord une église abandonnée qui fut aux chevaliers de Malte, puis le château, massive construction commencée par Frédéric II et terminée par Charles-Quint. Il a été préparé pour des splendeurs de cour, et il sert aujourd'hui de bagne ! Attachez donc après cela une extrême importance aux projets des puissants du jour et de l'heure.

De ces deux visites j'ai rapporté deux impressions très contradictoires, l'une charmante et l'autre horrible. La première fut de déchiffrer sur une pierre à demi brisée une épitaphe en vers latins recueillie sans doute dans des livres spéciaux. A tout hasard je la traduis ici, parce qu'elle m'a paru digne de l'Anthologie. Dans cette ville de marins, elle a plus de vérité touchante : « Passant, arrête-toi ici, le veux-tu ? — J'ai parcouru bien des fois la mer sur des flottes dont les voiles vo-

laient au vent; — j'ai abordé à des terres inconnues, et voici la borne — que, dès le jour de ma naissance, les Parques avaient chantée pour moi. — Ici je ne crains ni les vents, ni les orages, ni la mer cruelle, — ni les pirates, ni une dépense plus forte que mon gain. — A toi, qui m'as affranchi du souci, — je dis : Salut, Déesse bienfaisante... »
— L'autre impression, la terrible, est d'avoir entendu, d'entendre encore le bruit des chaînes portées par les forçats qui remplissaient de leur cliquetis le château au bord de la mer. J'ai vu bien des prisons et bien des asiles de misères, poussé par une passionnée et presque coupable curiosité de la vie humaine. Rien ne m'a percé le cœur comme de parcourir les cours et les salles de cette forteresse, avec ce bruit toujours et toujours comme accompagnement. Les sept cents forçats vont et viennent, vaquant à leurs travaux. Ils sont vêtus de blouses brunes et coiffés, suivant le degré de leur peine, d'un bonnet rouge ou vert. Ils traînent tous la jambe, chargés du poids de cette barbare chaîne qui part de leur ceinture pour finir à un anneau rivé autour du cou-de-pied. Chacun d'eux, en marchant ainsi de ce pas lourd, ne fait pas beaucoup de bruit, mais tous ces petits heurts du fer contre le fer, en

ajoutant leurs tintements les uns aux autres, s'amassent en une espèce de grande rumeur métallique, et la forteresse en vibre tout entière. Cela est indistinct, mystérieux, sinistre, aussi sinistre pour moi que jadis le claquement des fusillades que j'entendais sur Paris du fond de mon collège au mois de mai 1871. — Ah! jamais je ne l'oublierai!... — Seulement, cette fusillade-là n'a pas duré, au lieu que, pendant tous les jours de l'année et toutes les heures de ces jours, l'écho du château écoute ce tragique concert d'expiation monter vers l'immobile ciel à chaque pas, à chaque geste des malheureux. Ce qui se lit sur leur visage, ce n'est pas la détresse angoissée et furieuse, c'est l'hébétude devant l'irrémédiable sort. Ces faces d'esclaves que n'éclaire plus aucune espérance, ne laissent pas transparaître la secrète et farouche révolte. Mais leur destin, même résignés, n'en est pas moins là qui ne changera plus! La vision de ces existences pour toujours prises dans des préaux de bagne, est plus mélancolique dans ce paysage de départ. Par toutes les fenêtres on aperçoit des flots bleus, à peine remués, que rasent les libres mouettes et qui emportent et rapportent chaque jour tant de libres voyageurs!... Il faut se sou-

venir, pour supporter ce spectacle d'humanité
vaincue, qu'il y a du sang sur toutes ces mains,
qui tirent leur bonnet pour saluer l'étranger, des
drames de scélératesse derrière tous ces regards
qui le suivent avec un reste de morne curiosité. Je
vois un de ces hommes, un vieillard, caresser avec
amour un chaton couché auprès d'une chatte sur
le bord d'une terrasse. Ses prunelles noires et
sa bouche grise, par moments, sourient avec
bonhomie. Visiblement, ces bêtes sont habituées
à ce galérien, car la chatte vient d'elle-même
frotter sa tête à cette main cordée de veines. Ce
patriarche a trois meurtres sur la conscience...
On se répète cela. On se démontre par soi-même
que le travail est relativement doux dans les
vastes ateliers bien aérés. On sait qu'une très
intelligente direction applique alternativement
tous ces condamnés à la culture des terres, et que
cette ville, autrefois infestée de fièvres, est rede-
venue ainsi habitable. On se rend compte que
l'ordre social tout entier repose sur le postulat
de responsabilité, par suite sur le châtiment.
Pourquoi cependant éprouve-t-on, en dehors de
la pitié presque physique, cette profonde, cette
irrésistible impression d'iniquité devant ce châtiment sans rachat possible ? Pourquoi, discer-

nant dans les physionomies bestiales que montrent la plupart de ces misérables les traces des férocités héréditaires, se demande-t-on si la société n'est pas responsable au moins pour moitié dans les conséquences de ces instincts? Jusqu'à quel point a-t-elle fait son œuvre d'éducatrice? Pour combien entrent dans le crime d'un pauvre les mauvais exemples venus de plus haut? Aux yeux du Juge qui nous attend tous au sortir de cette vie ténébreuse, sont-ce là les plus grands coupables? La voix douloureuse et monotone des chaînes, cette voix où il entre un peu de l'implacabilité des choses et du gémissement à la fois, semble poser ces questions au visiteur, et elle le poursuit longtemps, pour lui rappeler des problèmes que les révolutionnaires déclamatoires ont déshonorés comme ils déshonorent les tristes problèmes de l'inégalité des destinées. Mais les démagogues ont beau transformer ces douloureuses questions justement en vulgaires outils électoraux, ces problèmes existent pourtant d'une autre existence que celle d'une phrase trompeuse sur une affiche, d'un article « truqué » dans un journal ou d'un discours menteur à une tribune. Il est salutaire de les regarder bien en face, dût-on ensuite n'avoir plus le cœur de jouir du ciel bleu sur la mer bleue, des voiles blanches mêlées au vol des blanches mouettes, du vaste paysage d'oliviers autour de la ville mangée de soleil, et dût-on voir une ombre peser sur ce joli horizon des petites montagnes, hautes comme nos Alpilles de Provence, qui là-bas, sous le nom de Murgie, vont vers Tarente.

XX

Lecce, le 20 novembre.

Si la botte légendaire que forme l'Italie portait un éperon, la chère ville d'où j'écris ces lignes occuperait juste la place de la mollette. Je l'appelle chère quoique je ne la connaisse que d'aujourd'hui, mais c'est un si coquet, un si précieux bijou de ville et j'ai reçu pour elle ce coup de foudre de sympathie que l'on a pour les choses comme pour les personnes. Ce fut une arrivée d'autant plus délicieuse qu'aucune description du Guide n'en avait diminué l'effet pour moi en le préparant. Avant d'être venu ici, je n'attachais aux termes de *baroque* et de *rococo* qu'un sens de déplaisance et de prétention. Lecce m'aura révélé qu'ils peuvent aussi être synonymes de fantaisie légère, d'élégance folle et de grâce heureuse.

Cette ville n'est, pour ainsi dire, tout entière qu'une sculpture et qu'une mignardise. Les enjolivements maniérés se tortillent aux balcons des maisons, un peuple de statuettes contournées gravite au-dessus des portes, des colonnettes se profilent après des colonnettes, et les frontons après des frontons. Les églises déploient des façades fantastiquement parées de festons, d'astragales, de figurines, de cariatides. Des statues les couronnent, des statues les flanquent, des corps se replient, des bras s'arrondissent, des draperies se cassent, des anges ouvrent leurs ailes. A Santa Croce, par exemple, cette imagination compliquée confine au délire. C'est vraiment une orgie de ce que l'on appellerait partout ailleurs le mauvais goût. Ce mauvais goût ici est trop intense, il révèle une fureur de caprice trop géniale pour que le mot garde son application, d'autant plus que sur ce vêtement de blancheur ciselée ruisselle une lumière presque orientale, et, quand la fantaisie reste si vivante, si peu touchée de décadence, quand la propreté des rues dallées, la fraîcheur de l'ombre et la douceur du soleil s'accordent si heureusement à ce paradoxe d'architecture, cette sensation de mauvais goût ne peut même pas naître. L'œil est charmé jusqu'à en être ébloui,

l'esprit amusé jusqu'au ravissement par ce mari-
vaudage de pierre qui pose comme une guipure,
comme une broderie, sur toute la petite ville.
Cette capitale de la terre d'Otrante, c'est une cité
de la fin du xviie siècle napolitain, restée intacte
et telle que l'avaient bâtie les architectes de
Charles-Quint d'abord, puis les derniers élèves
de la Renaissance. Elle fait le pendant de Sienne
et condense dans sa joliesse opulente toute une
civilisation de gaieté galante et sensuelle, comme
l'autre enferme dans ses palais rouges toute la
civilisation âpre et noblement héroïque du Moyen-
âge toscan. On rêve ici de musique légère, de
mascarades, de fêtes voluptueuses et faciles, d'une
Espagne italianisée et heureuse. Il passe dans
l'air un peu du vent qui gonfle les voiles des barques dans les Embarquements pour Cythère,
nostalgie du triste et grand Watteau. C'est
presque invraisemblable, et c'est exquis. Ce baroque, en effet, n'est pas seulement une merveille
de fougue et d'imagination. Un je ne sais quoi
de délicat s'y mêle qui trahit, par-dessous l'Italie
et l'Espagne, le vieux fond Hellène. Dans cette
province peuplée de villages où l'on parle encore
grec, il semble qu'un rien de l'âme antique ait
laissé partout sa trace. Les airs que chantent les

enfants prennent déjà ce traînement de mélopée grave, très distinct de la cantilène si vite commune de Naples. Les habitants ont une sobriété de gestes qui contraste avec le voisinage du Midi bruyant. Il y a, dans le détail des choses de la rue, des gentillesses où l'on se plaît à retrouver la preuve d'une race affinée, — comme ce petit pont de bois monté sur des roues que l'on dresse d'un trottoir à l'autre par les jours de pluie pour que vous puissiez passer sans vous salir, — et, lorsque c'est comme maintenant, marché public, la forme des lampes de terre avec leur bec allongé, celle des vases, j'allais dire des amphores, ménagées pour l'huile et le vin, avec leurs deux oreilles, suffit à vous rappeler que ces paysans venus des plaines avoisinantes sont les héritiers modernes des colons crétois débarqués avec Idoménée et les arrière-neveux des anciens sujets de Daunus, le beau-père de Diomède.

Me voici donc en pleine Grande-Grèce, et j'ai pu voir déjà sur une porte se dresser les statues de ce Daunus et de cet Idoménée. Les noms mêmes des rues gardent ici la trace de ces souvenirs lointains et d'autres presque aussi lointains, mais plus authentiques. C'est Daunus de nouveau

et c'est Idoménée, héros fabuleux de la légende ;
c'est Ennius, le poète, qui naquit à Rugge tout près
de là ; c'est Auguste, qui apprit à Lecce la mort de
César ; c'est Hadrien et c'est Marc-Aurèle, qui s'oc-
cupèrent du port aux temps où la ville était plus
voisine de la mer. Ils ont servi de parrains à ces rues
et à ces places, et leurs noms alternent avec ceux
de Godefroy, de Bohémond, du roi Tancrède, de
Manfred, de Gauthier de Brienne, de Frédéric II.
Des siècles d'histoire tiennent dans ce coin de
terre, mais ils n'y tiennent que par l'histoire, en
effet, par la tradition orale ou écrite. Vous cher-
cheriez en vain les monuments qui attestent ce
glorieux et vaste passé. Nulle part le temps n'a
exécuté plus à fond son implacable besogne de
métamorphose. On m'avait bien dit que cette
Grande-Grèce n'était plus que cette ombre d'un
grand nom dont parle le poète ancien. Je savais
par les livres que sur toute la côte, d'ici à Reggio,
les débris qui attestent la brillante civilisation
contemporaine de Pythagore sont réduits à
moins de fragments qu'il n'en reste sur un seul
des versants de l'Acropole. C'est à Lecce que j'ai
pour la première fois apprécié par moi-même
cette radicale disparition de ce qui fut un monde.
- — Et quel monde ! Nous vivons encore un peu de

sa pensée. — Ces fragments de l'antique Lupiæ
se composent de quelques sculptures dans le
musée et de quelques vases, dont un, représentant un jeune homme appuyé sur un bâton et
regardant une jeune fille, est d'ailleurs de la première beauté. Voilà pour la période grecque. De
la romaine, il ne reste absolument rien que la
colonne sœur de celle de Brindisi. Encore est-elle,
comme je l'ai raconté déjà, christianisée, puisqu'elle sert de piédestal à saint Oronte, le philosophe pythagoricien, baptisé lui-même par l'apôtre
saint Paul. De la domination byzantine, point
de traces davantage. Il faut descendre jusqu'au
XIe siècle et à la période des rois normands pour
retrouver une relique, grandiose il est vrai, celle-là.
C'est en dehors de la porte de Naples, l'église de
San Nicola e Cataldo. Commencée par le roi
Tancrède en 1180, elle s'agrandit ensuite d'un
cloître et fut possédée par les Olivétains, dont je
reconnais les armes. Les trois montagnes avec la
croix et les arbres me rappellent mes longs et paisibles séjours au couvent du Monte Oliveto lui-
même. Les Pères furent expulsés dès le temps
de Napoléon Ier, et, aujourd'hui, la vieille église
est transformée en une chapelle de cimetière.
On y accède par une allée de hauts cyprès

dont la couleur noire fait encore ressortir l'espèce de teinte dorée qu'a revêtue la pierre dont l'église est bâtie, — cette pierre de Lecce si friable, si blanche, quand on l'extrait de terre, puis qui durcit et jaunit de la sorte, à cet air sec et léger, au point de revêtir une teinte presque pareille au beau marbre roux du Parthénon.

Si j'ai jamais regretté de ne pas avoir reçu ou de ne pas m'être donné cette éducation spéciale qui permet de discerner au premier regard la valeur technique d'un morceau d'architecture, ce fut autrefois en Angleterre, devant des cathédrales comme celle de Canterbury, et c'est ici, devant cette façade normande. Je l'ai cependant *sentie* très belle. Mais ces sensations-là, quand elles ne sont pas appuyées sur une idée lucide, demeurent incomplètes, comme d'entendre de la musique sans savoir l'harmonie ou de lire des vers sans posséder la métrique. J'ai pourtant bien aimé les deux portes, l'une à l'entrée et l'autre sur le côté, avec leur arc d'une simplicité noble et l'élégance intacte de leurs arabesques. Seulement en aurais-je été ainsi frappé, si l'église ne se dressait pas solitaire et silencieuse au cœur de ce Campo Santo, et surtout sans le souvenir de

son fondateur, de ce Tancrède d'abord comte de
Lecce, puis roi de Sicile, dont le nom se lit encore sur une architrave, avec cette inscription
en vers léonins. Je la transcris en respectant son
orthographe et ses majuscules :

Hac In Carne Sita Quia Labitur Irrita Vita
Consule Dives Ita Ne Sit Pro Carne Sopita.
Vite Tancredus Comes Eternum Sibi Fædus
Firmat In His Donis Ditans Hec Templa Colonis.

Les plus romanesques légendes où se com-
plurent les imaginations des conteurs chers jadis
à l'ingénieux hidalgo dans son castel de la
Manche, ne dépassent pas en invraisemblance
l'histoire réelle des aventuriers normands dont ce
roi religieux fut presque le dernier héritier. Je
viens d'en relire le résumé dans le livre de Gregorovius, et je demeure étonné que cette aventure
n'ait pas tenté le laborieux Flaubert, à l'époque
où il s'occupait de chercher, à travers les épopées
réelles du passé, de quoi oublier « sa Bovary, »
comme il disait, et ses bourgeois français « qui
lui puaient au nez à peindre. » — Le mot est encore
de lui, dans ses curieuses lettres à George Sand. —
Sur le simple récit de quelques compatriotes qui
avaient guerroyé au service du prince de Salerne,

voici qu'un beau jour les fils du seigneur de Hauteville, pauvre gentilhomme du Cotentin, racolent une bande et prennent la mer pour l'Italie du Sud. On était au tout commencement du XIᵉ siècle. Quelles images ces conquérants se formaient-ils de la contrée où ils allaient débarquer ? Comme on voudrait posséder un document qui rapportât les discours tenus pendant la route par cette troupe de demi-pirates en qui les visions pieuses de l'an Mille se mélangeaient à de sanguinaires appétits de barbares ! Ils étaient deux cents à l'origine, et il ne leur fallut pas un demi-siècle pour soumettre la Pouille, la Calabre, la Sicile, et fonder une dynastie de rois, malgré les empereurs et malgré les Papes. Dans cette saisissante cathédrale de Monreale, près de Palerme, toute rayonnante de mosaïques, et qu'éclaire la grandiose icône d'un Sauveur qui remplit seule la voûte au-dessus de l'autel, on montre l'image sur un pilier, près de cet autel, d'un de ces rois couronnés directement par le Christ, et sans l'intermédiaire du Souverain-Pontife. Quelques-uns d'entre eux, en se mélangeant aux Sarrasins de Sicile, avaient-ils déjà, comme plus tard Frédéric II, corrompu leur christianisme ? On les voit, en effet, combattre également les Grecs et les Maures, imposer les Turcs et attaquer Constantinople. Gisulf, un de leurs chevaliers, osa, lors d'un coup de main tenté sur cette dernière ville, pénétrer jusque dans le palais impérial. Il commençait de piller quand on donna le signal précipité de la retraite. Il dut fuir, et il n'emporta, disent les chroniqueurs, que des *pignatti,* de petits pots trouvés dans les cuisines. Ce singulier trophée lui fit donner le surnom de « Pignatelli, » et la famille de ses descendants porte encore cet emblème dans ses armes.

Quoique ces temps d'héroïque brigandage fussent tout voisins, ils étaient déjà bien passés lorsque, vers la fin du XIIe siècle, le fondateur de la vieille église devint roi de Sicile comme petit-fils du premier de ces princes normands, du grand Roger. Cette naissance de Tancrède avait été environnée de circonstances mystérieuses, et elle a fourni texte à de nombreux poèmes. Le vieux roi Roger, en effet, avait envoyé son fils à la cour de Robert, comte de Lecce, pour s'y former à la chevalerie. Le jeune homme paraît y avoir surtout admiré la beauté de Sibylla, la fille de son hôte. Il s'en fit aimer et il en eut ce Tancrède. Cette intrigue fut si clandestinement conduite, qu'elle était encore inconnue lorsque le séducteur dut retourner à Palerme. Là, il tombe gravement malade de chagrin, et, se sentant passer, il avoue sa faute au roi Roger. Son éloquence fut telle que le père envoya chercher la maîtresse par une ambassade. Le malade put donc épouser Sibylla et légitimer leur fils à son lit de mort. C'est ainsi que ce dernier, d'abord lui-même comte de Lecce du fait de son grand-père maternel, fut appelé plus tard par les barons au trône de Palerme. Son règne dura peu, « car, » dit naïvement le vieux Richard de San Germano, « ayant vu lui-même son fils Roger, qu'il avait fait couronner pour lui assurer plus tard sa succession, mourir avant l'âge et entrer si tôt dans la voie de toute chair, comme par un renversement des lois de la nature, ce bon roi eut le cœur percé d'une pointe de douleur, et, bientôt après, un affaiblissement l'enleva lui aussi. » Ce beau souverain de Sicile, ce prince de la terre d'Otrante au nom chimérique, fils d'un amour coupable et pardonné, mourant ainsi de langueur, s'évoque pour moi devant cette porte de la basilique qu'il a fait construire. Qui sait ? Pour le repos de l'âme de son père ? Ces arabesques me ressuscitent les yeux couleur de mer avec lesquels il les regarda. Elles me représentent avec une force extrême cette folie normande plus étonnante encore que la conquête de l'Angleterre. Je songe à cette rencontre du génie du Nord et du génie de l'Orient qui fait la poésie des Croisades et qui s'est accomplie d'une manière si étrange dans cette famille des Hauteville. La princesse Sibylla m'apparaît, mystérieuse comme son nom et comme sa faute, avec cette grâce de fantôme que secouent autour de nous les voiles des grandes amoureuses d'autrefois. Ah! les tendres vers d'Anatole France sur cette impression-là :

> *Les mortes, en leur temps jeunes et désirées,*
> *D'un frisson triste et doux troublent nos sens rêveurs;*
> *Et la fuite des jours, le retour des soirées,*
> *Nous font sentir la vie avec d'âcres saveurs...*

Mais qu'est devenu le palais qui abrita les secrètes voluptés des deux jeunes gens? Qu'est devenu le château normand où les comtes de Lecce tenaient leur cour? Où sont les remparts d'alors?... Ce porche de basilique, cette inscription, une autre du même style sur l'autre porte pour célébrer l'achèvement de l'édifice, une légende composée à souhait pour des poètes, — voilà tout ce qui marque le passage de cette lignée aventureuse dans cette ville. Les Souabes qui succédèrent aux Normands, avec la reine Constance et Henri VI, ont laissé moins de traces encore, et l'antique Lecce ne serait sans doute qu'une ruine méconnaissable, si la fantaisie de l'empereur Charles-Quint n'avait commencé de la reconstruire tout entière à nouveau. C'est à cet impérial caprice qu'elle doit de s'offrir au voyageur si pimpante, si gaie, si jeune, et dans sa riante parure. Je me retourne pour la regarder encore du seuil de l'église de Tancrède. Elle montre par-dessus ses murailles et les flèches ouvrées de ses églises un clocher de deux cent vingt-huit pieds de haut, qui sert de signal aux bateaux égarés entre Otrante et Brindes. La mer s'est retirée ici comme sur les grèves de notre Provence, mais pas assez pour qu'on ne la découvre point du haut de ce campanile. Voici moins d'un siècle, un gardien s'y tenait jour et nuit, chargé de surveiller cette périlleuse côte et le passage des pirates barbaresques, dalmates ou grecs qu'il annonçait à grand son de cloche. Quand cet appel sinistre s'entendait au loin sur cette vaste campagne plate, si riche d'oliviers et de vignobles, quelle fuite ce devait être vers ces remparts, de tous ces pauvres cultivateurs, qui ne

voulaient ni mourir esclaves en Barbarie, ni que
leurs filles subissent le sort habituellement réservé
aux belles captives dans les contes de Voltaire
auxquels la jolie ville pourrait si bien servir de
décor, — tant elle a de clarté dans son ciel, de
gaieté dans ses rues et d'esprit dans la dentelle
d'ornements jetée sur elle, que le temps a jaunie
sans en rien faner!

XXI

Lecce, le 22 novembre.

J'ai employé les matinées de ces deux jours-ci
à errer un peu au hasard le long des rues, renou-
velant ma jolie sensation de la première arrivée dans ce paradis du *rococo,* puis, durant les
deux après-midi, j'ai visité un château d'abord,
enfin une ville. La ville porte un nom jadis
illustre, car c'est Otrante; le château, qui s'appelle
Cavallino, m'était bien inconnu, voici trois fois
vingt-quatre heures, quand le train m'amenait de
Brindisi. Pourtant, je ne sais laquelle de ces deux
visites m'aura laissé dans la mémoire l'image la
plus durable. A Otrante, j'aurai vu un sublime
paysage de mer, une cité du Moyen-âge plus
intacte que Volterra ou Montepulciano, une
admirable cathédrale si nue et si tragique. Caval-

lino m'a permis de contempler comme une apparition des temps héroïques de l'Italie, incarnés tout entiers en un vieillard, le duc Sigismond Castromediano, qui achève dans ce coin perdu du monde une existence de martyr dévouée tout entière à la délivrance de la patrie. Qui mérite mieux notre dévotion, d'un paysage et d'un beau monument ou d'une noble figure humaine ? La splendeur morale et qui se suffit à elle-même, est-elle d'un ordre supérieur à cette autre splendeur qui a besoin de la matière et qui se manifeste par des lignes d'horizon ou des façonnements de marbre ? Ou plutôt n'est-ce pas la même, et, si nous concevions la beauté comme elle doit être conçue, c'est-à-dire, toujours et partout, comme un *mystère spirituel,* n'en apercevrions-nous pas la profonde unité d'origine sous ses innombrables formes, si différentes soient-elles d'apparence ?

Ces graves questions d'esthétique générale étaient, je l'avoue, très loin de mon esprit, lorsque je donnai le nom du château de Cavallino au cocher qui devait m'y conduire, et cela sur la foi d'un livre, où j'avais lu que c'était un assez curieux manoir baroque à une heure et demie de la ville. Ce cocher portait, en bon habitant de Lecce, le prénom national d'Oronzo, et il conduisait follement une petite voiture, une *carrozzella,* comme disent joliment les Italiens, traînée par un cheval caparaçonné de sonnailles. Le tout, cocher, voiture, voyageur et bête, n'était-il pas protégé contre le mauvais œil par une main de cuivre fixée dans le haut du collier et qui dressait en cornes son index et son petit doigt? La route traverse une plaine immense, développée indéfiniment sans que la moindre montagne en rompe, d'une ondulation, la monotonie. Toute cette péninsule Messapique se déploie ainsi depuis Gallipoli en une vaste lande presque partout revêtue d'oliviers. Dans cette partie-ci, les plantations manquent. Des pierres jonchent le sol nu. Des constructions primitives se montrent par intervalles, pauvres huttes à peine maçonnées et sans fenêtres qu'une seule porte troue et qui s'achèvent en terrasse. Elles servent d'asile aux bergers pendant les nuits moins douces. Par endroits, les pierres ont été enlevées, et un champ de blé s'étend, — tapis de terre brune où les jeunes pousses brodent un léger, un frais dessin de verdure. Par moments, la ligne bleue de la mer tremble à l'horizon. Longtemps les tours de

Lecce apparaissent derrière moi, dentelant de
leur blancheur un ciel d'un azur un peu vaporeux
à cause du voisinage des eaux. Puis ces tours
s'effacent dans la distance, et un farouche village
surgit, au centre duquel se dresse le château avec
une façade toute simple quoique crénelée. Je
m'attendais, n'ayant pris aucun renseignement, à
quelque habitation de plaisance, fastueuse, toute
pleine de ces merveilleux bibelots héréditaires que
de pareilles demeures enferment dans les provinces
perdues d'Italie et en Sicile, à côté quelquefois
des plus bizarres acquisitions modernes. J'aperçois à travers la porte une cour mal entretenue
que ferme un mur délabré. Sur le fond verdâtre
se détache une, statue d'ancêtre, mais mutilée,
et qui représente un cavalier en costume du
XVIe siècle. Le désordre de cette statue et de
cette cour, l'abandon visible de cette entrée,
les marches usées du vaste escalier vide où je
m'engage sans personne pour m'arrêter ni me
guider, puis le silence de la première salle, où
j'entre seul encore, à peine meublée, avec son
plafond peint en grisaille et détérioré, — tout
annonce une étrange solitude. Il n'est rien qui ne
parle de décadence et de ruine. Il semble que le
château a dû subir quelque outrage prolongé, et

cependant il est habité, car un serviteur se présente enfin qui va prévenir le maître du logis. Ah! l'inoubliable apparition, et digne de ce romantique décor, que celle de ce dernier, vieux seigneur de quatre-vingts ans, vêtu de noir, mince, d'une taille encore droite et gigantesque malgré les infirmités. Il traîne des jambes malades, et, sous une chevelure admirable de blancheur et d'épaisseur, il montre une face rasée où tous les traits se dessinent, malgré l'âge, dans leur fierté native. Une expression à la fois noble et amère, hautaine et mélancolique, révèle qu'une destinée trop dure a pesé sur cet être, sans vaincre cependant la *race,* et cette indéfinissable vertu du sang se lit dans les moindres plis de ce visage, où s'ouvrent tristement des yeux de demi-aveugle. L'aspect du châtelain s'accordait au décor du château par une de ces harmonies trop complètes et qui semblent ne devoir se rencontrer que par l'artifice d'un Walter Scott ou d'une George Sand. J'avais devant moi, en réalité, le héros d'aventures analogues à celles que traversent dans les chroniques du grand conteur écossais les barons jacobites, traqués, exilés ou emprisonnés, tandis que leur manoir s'écroule et que des parents avides se partagent déjà leurs dépouilles.

Conduit par le secrétaire du vieux laird de Cavallino, de pièce en pièce, à travers le manoir désert, j'apprends en effet, ce qui m'a été confirmé depuis à Lecce, que le duc a subi toutes les douleurs d'une proscription aussi implacable que celle des compagnons du Stuart conspirateur. Il s'était lancé à cœur perdu dans le mouvement contre les Bourbons de Naples, au lendemain de 1848. Arrêté, condamné à mort, sa peine fut commuée en celle du bagne à perpétuité, et, n'ayant pas voulu demander sa grâce, il fut forçat onze ans. Dans un coin de la chapelle, j'ai vu la chaîne qu'il a portée, pareille à celle des assassins de Brindisi, et la loque de laine rouge dont il était revêtu. Pendant ce temps, ses biens étaient au pillage. D'infidèles dépositaires réduisaient le château à son état de demi-ruine. Le duc vivait cependant. Ses compagnons de captivité l'aimaient d'une telle dévotion qu'ils le forcèrent plus d'une nuit à dormir sur leurs corps pour que l'humidité du cachot ne le tuât point. Il put s'échapper enfin et gagner l'Angleterre d'où il revint, lors de l'expé-pédition des Mille, rapportant avec lui, comme unique profit de son long martyre, cette chaîne et ces vêtements de galérien. Il achève maintenant ses jours entre Lecce, qui lui doit des écoles, un musée, mille bienfaisances, et ce château auquel il n'a pas touché. Il laisse les bustes tronqués aux places où il les a retrouvés, l'herbe continuer sa triste poussée dans les cours, les traces partout de la dégradation, soit par une indifférence stoïque à l'égard des commodités de la vie, acquise dans le malheur, soit par orgueil de ce qu'il a souffert. La galerie, autrefois somptueuse, où les statues outragées se dressent encore sur leur socle, voit ainsi cheminer d'un pas alourdi par l'âge et par l'ancien poids des fers, ce soldat peu connu du *risorgimento* qui était né pour vivre en gentilhomme oisif et comblé, et il a préféré les horreurs des galères à seulement dire qu'il accepterait le pardon. Il faut croire que ces souvenirs des prisons ainsi subies innocemment s'effacent mal d'une mémoire, car je me rappelle qu'à Pise, et sur la façade d'un palais, un grand seigneur du dernier siècle, captif, lui aussi, mais en Barbarie, a fait pendre sa chaîne et inscrire au-dessous cette mélancolique inscription : *Alla giornata*. Quelles visions remuaient dans sa pensée lorsque, revenu le long de ce triste et glauque Arno, à cheval ou dans son carrosse de gala, il levait les yeux devant sa porte vers

cette devise qui pourrait être celle de toute **vie**
humaine aussi bien que de l'esclavage !

A coup sûr, si rigoureux que pût être le *carcere
duro* de Tripoli ou de Tunis, il ne dépassait pas,
en cruauté, ce Montefusco, le bagne napolitain
dont le duc de Castromediano a lui-même raconté
les misères, dans un fragment publié de ses *Mémoires*. Je viens de lire ces quelques pages et j'en
voudrais donner un bref résumé, non point pour
leur valeur littéraire, quoiqu'elles portent partout
empreinte la touche inimitable de la vérité. Elles
ont l'éloquence du corps qui a eu froid et faim,
et la fierté de l'esprit qui n'a pas voulu se rendre.
Mais cela, c'est l'intérêt commun à tous les récits
de cet ordre. La valeur spéciale de ce fragment
de *Mémoires* réside pour moi ailleurs, dans le
jour ouvert sur la sensibilité de ces grands patriotes italiens, et elle leur est si spéciale qu'il faut
la bien comprendre pour comprendre mieux la
nature de leur œuvre. Ils n'ont certes pas été plus
braves ni plus persévérants que beaucoup d'autres
combattants d'autres pays, mais ils ont eu dans
ce patriotisme un je ne sais quoi de plus idéal,
comme une beauté d'artiste en héroïsme. Il faut
le dire, à l'éloge de l'aristocratie de ce côté des

Alpes, les meilleurs soldats de l'indépendance furent des nobles. Si l'Italie a dû le succès final aux habiletés supérieures de Victor-Emmanuel et de Cavour et à la puissance agitatrice du général des Mille, il convient de ne pas oublier les luttes soutenues pendant des années par des gentils-hommes comme celui-ci, dont les exemples ont tant soulevé de partisans parmi les humbles. Ces aristocrates, passionnés de liberté, ont, comme les nôtres d'ailleurs au XVIII siècle, plus fait pour le peuple que le peuple lui-même. La véritable histoire de ce *Risorgimento* serait, pour une grande part, celle de la noblesse Italienne en qui le sang héroïque des féodaux se révoltait contre les asservissements et surtout contre l'humiliation constante devant l'étranger. Je ne sais rien qui définisse mieux la ferveur à la fois naïve et sublime dont furent possédés ces généreux Italiens, — tous amis de notre chère France, — que le début des *Mémoires* dont je parle. Ils s'ouvrent ainsi : — « A présent qu'une partie de nos ingrats concitoyens méconnaît d'où naquit la puissante Italie et par quel sang et par quelles larmes, l'heure est opportune de rappeler des temps bien différents des nôtres. Les miens furent tout autres que ceux-ci, de sacrifice et de désintéressement, de luttes acharnées et incessantes, mais la très haute idée qui prévalait alors était embrassée et soutenue par toutes les âmes vertueuses et pures. Génération d'opprimés fut la mienne, condamnée aux chaînes et aux cachots; mais des milliers d'emprisonnés s'y sentaient héros. Temps de résistances et de luttes! En les comparant aux présents, je les juge beaux comme une poésie, parce qu'on luttait alors corps à corps contre la tyrannie, on la regardait fièrement en face, et, terrassé par elle, on ne la craignait pas. *Nous avions une foi si vive, une si sincère espérance, foi et espérance qui se sont changées en réalité et que nous avons apportées comme un joyau à notre pays. Aujourd'hui, c'est le temps de la lassitude de l'âme, le temps de la prose, de quelque chose de pire encore que de la prose...* » Cette solennité d'accent n'est pas une déclamation. Elle trahit tout à la fois l'enthousiasme de jadis et un actuel état d'étrange désenchantement. Oui, le vieillard en arrive à regretter jusqu'aux douleurs d'autrefois, à cause du rêve qui flottait devant ses yeux quand il était conduit entre les gendarmes bourboniens à la prison de Montefusco, et il nous trace pourtant de cette prise une peinture si tragique!... Les murs se dressent, suintant l'humidité. De la paille pourrissante jonche le sol encore empuanti par le fumier des chevaux qu'on y parquait avant d'y conduire les condamnés. Un morne jour passe à travers les meurtrières, éclairant la pâleur de ces hommes restés depuis quarante-huit heures sans pain, et les soldats qui montent la garde sous les remparts entonnent, avec la cruauté complaisante des valets de bourreau, le refrain de la Chiaia :

Chi trase a Montefusco e poi se n'esce,
Po' di ca'n terra n'ata vota nasce.

(Celui qui va à Montefusco et qui en sort, — peut dire qu'à la terre il naît une autre fois.)

Mais, je le répète, ce qui fait l'originalité de ces pages, ce n'est pas ce tableau, si vrai soit-il, ce n'est pas des mots de nature comme celui du gardien qui, enlevant sa laine au matelas du duc, disait naïvement à son prisonnier : « J'ai bien plus droit à un coussin que vous, moi qui suis chrétien et bon chrétien, puisque j'aime et sers mon roi... » D'autres ont décrit avec un coloris plus intense encore les meurtriers cachots de Naples ou de Sicile. Nulle part, en revanche, je n'ai trouvé mieux rendue que dans ces *Mémoires,* cette espèce de magnanimité classique, si l'on peut dire, cette sorte d'héroïsme ancien qui révèle

derrière le conspirateur moderne le lecteur assidu
des beaux livres grecs et romains. Cette fière
légende de Plutarque qui, pour nous, est un thème
usé et démodé, restait vivante pour un homme
comme celui-là et pour ses compagnons, et d'autant plus vivante qu'ils étaient nés, lui et les autres
proscrits, qu'ils avaient grandis sur cette terre,
théâtre immobile de cette histoire italo-hellé-
nique. Il y a ainsi une rencontre de deux de ces
hommes, Castromediano lui-même et le célèbre
patriote napolitain Poërio, qui fait songer à la
rencontre possible de deux personnages antiques : d'un Phocion et d'un Démosthène, d'un
Thraséas et d'un Helvidius. Le duc et Poërio ne
s'étaient jamais vus, quoiqu'ils eussent participé
à la même insurrection. Condamnés tous les
deux, ils se trouvent l'un en face de l'autre sur le
pont du bateau chargé d'aller ramasser dans
Ischia, Procida et Nisida les principaux fauteurs
du mouvement. « Ce fut, » dit Castromediano,
« sur le pont de la *Rondine* que je vis pour la première fois Poërio. On nous nomma, et nous nous
embrassâmes sans nous parler, d'une étreinte que
rien n'a brisée. *Il était mon ami pour toujours.*
Avec lui dans les douleurs du bagne, avec lui
dans les aventures de notre évasion sur l'Océan,

avec lui dans l'exil et à travers les ovations étrangères, j'eus encore la joie d'être avec lui dans les
triomphes de l'Italie. Il me *voulait du bien* (vous
reconnaissez la charmante expression italienne)
et me chérissait. Je l'honorais d'un culte, je le
vénérais dans la vie. Ame sainte que tristement
je pleure encore aujourd'hui, et il y a des années
qu'il est mort! Des figures de cette candeur et de
ce désintéressement, je n'en ai plus rencontré... »
Cette même ferveur antique, je répète ce mot, le
seul qui convienne à cette espèce d'exaltation
où il y a comme de la ligne, mais involontaire,
de l'attitude, mais sans cabotinage, se retrouve
dans le chapitre intitulé : « L'heure la plus périlleuse de ma vie. » Le condamné y raconte comment, pour obtenir de lui qu'il demandât sa
grâce, on le tira de sa prison, en même temps que
six autres détenus. Ces derniers avaient, d'avance,
mais en secret, consenti à cette démarche consi-
dérée par tous comme une trahison. Sa sœur
Costanza et l'évêque de Lecce avaient imploré le
roi pour le duc. Lui-même dans ses lettres privées
avait sans doute proféré des plaintes, que ses
juges interprétaient comme un signe de découragement. Le voilà donc amené de nouveau devant
le tribunal chargé d'accorder ou de refuser les

amnisties. Ses six compagnons de bagne, sur le point d'être délivrés, n'osent lui parler; mais d'habiles magistrats l'interrogent, voulant à tout prix démêler dans ses réponses une ombre de rétractation qui permette au roi de le délivrer, et lui, malgré son implacable fermeté dans son refus de se soumettre, il est là, tremblant de la recevoir, cette grâce qui l'eût déshonoré : « Ah! songeais-je, au moment où le tribunal se préparait à proclamer la liste des pardonnés, si j'entends mon nom, je suis perdu. Cette pensée me perçait le cœur. Mon épouvante était de me trouver pris dans un de ces pièges autrichiens avec lesquels, jadis, en Italie, le dominateur étranger enlevait honneur et renommée aux patriotes intègres et universellement reconnus en les mêlant traîtreusement dans les faveurs accordées à des lâches. Heureusement il n'en fut pas ainsi. La grâce n'était attribuée qu'aux six qui l'avaient demandée, et, moi, on ne m'avait fait venir pour l'entendre proclamer que par mise en scène ou pour me solliciter à suivre l'exemple. Quoi qu'il en soit, content jusqu'au fond de l'âme et remerciant la divine Providence, je rentrai pur dans mon cachot : l'heure la plus périlleuse de ma vie était passée. »

Je lisais ces fragments de *Mémoires* hier en revenant de Cavallino vers la « Florence de l'Apulie, » comme les gens d'ici appellent la blanche Lecce, et l'imagination frappée par le fantôme de ce vieillard apparu dans le cadre romanesque de son château ruiné, je me demandais quel drame intime s'est joué dans l'âme de cet héroïque lutteur pour que cette ferveur de sa jeunesse ait abouti à cette désillusion qu'attestent des phrases aussi sévères pour l'époque présente. Arrivé à la fin de son irréprochable existence, entouré de l'universelle vénération dans cette terre d'Otrante où dominaient ses ancêtres, ce grand patriote a été, on le sent trop, sinon déçu, au moins troublé, même dans le triomphe de sa cause. Hélas! c'est la commune misère de tous les convaincus. L'Italie, que celui-ci a rêvée une, s'est faite une, et ce n'est pas l'Italie de ses premiers rêves! Cette unité s'est accomplie dans des conditions humaines, c'est-à-dire avec l'ensemble de compromis que la politique exige, et ces compromis nécessaires, à l'heure de la lutte, les martyrs de l'indépendance ne les voyaient pas. Ils ont vaincu, et ils constatent que cette victoire a marqué le commencement d'autres peines.

De nouveaux problèmes ont surgi, aussitôt après la grande œuvre de délivrance. Ils ont cru toucher à une sorte d'âge d'or, ramassé pour eux dans ces mots magiques de patrie et d'indépendance. La patrie est libre, et il reste tant à faire ! C'est la grande tristesse des hommes d'action, cela, et parmi les principes de découragement, le plus amer peut-être. J'imagine que les survivants de 89, ceux qui avaient eu l'illuminisme, insensé peut-être, dangereux à coup sûr, mais si généreux de la première heure, ont ressenti une émotion pareille. Après tant de souffrances, de massacres et de guerres, ils ont trouvé que la besogne n'était pas même commencée. Ils ont pensé, mais avec un serrement de cœur, ce mot que ce brutal Delmas disait en bouffonnant, lors du Sacre : « Il n'y manque que le million d'hommes qui se sont fait tuer pour supprimer tout cela !... » Que doivent penser pareillement, à l'heure présente, les ouvriers de la grandeur allemande, et le premier de tous, dans sa retraite au milieu des bois ? Est-il un argument qui démontre plus que celui-ci la vapeur d'illusion qui flotte devant toute activité humaine ? S'il est vrai, comme le prétendent certains voyageurs, que la plaine entre Lecce et Otrante offre souvent des phénomènes de mirage, le vieux châtelain de Cavallino, à qui les temps présents paraissent tant déplaire, a pu se répéter du fond de sa solitude, en y attachant un sens de symbole, ces vers du poète de son pays, Ascanio Grande :

> *Tal nella Magna Grecia altera vista,*
> *Non lungi il fonte del mio patrio Idume,*
> *O giardin novo, o città nova è vista*
> *Prima che spunti in Oriente il lume.*
> *O repentini allettano la vota vista*
> *Navili, e pur prima che il ciel s'allume.*
> *Poi fugge il simulacro, e gli occhi sgombra,*
> *E novello stupor le menti ingombra.*

(Ainsi, dans la Grande-Grèce, une vision altière, — non loin de la source de mon natal Idumé, — ou jardin nouveau, ou cité nouvelle, apparaît — avant que la lumière n'enflamme l'Orient, — ou tout d'un coup, pour réjouir la vue, — des navires paraissent et encore avant que le ciel ne s'allume. — *Puis le mirage s'enfuit et délivre les yeux, — et de nouveau la stupeur opprime l'esprit.*)

Que je sois moi-même victime d'une illusion en découvrant ce sentiment un peu complexe à travers les lignes des confidences du proscrit de Cavallino, il est certain que j'ai cru l'y voir, certain aussi que je me suis complu à trouver une analogie entre ce sentiment et ces vers. Je les ai relus aujourd'hui en allant vers Otrante dans l'excellent livre qu'une touriste anglaise, Mme Janet Ross, a consacré à ce pays, sous le titre : *la Terre de Manfred*. Je dois ajouter que j'ai vainement cherché à travers l'étendue les traces de ce mirage dont parle le poète, et que Mme Ross raconte avoir elle-même constaté. En revanche, c'est un paysage d'oliviers et d'orangers qui m'a rappelé, par sa richesse, l'admirable plaine entre Malaga et Bobadilla, célébrée dans d'autres vers par un poète de mes intimes amis :

> *Des orangers et des palmiers pendant des lieues*
> *Avec des monts tout noirs sur les profondeurs bleues*
> *D'un ciel dur qu'incendie un torride soleil !*
> *Divin pays, pourquoi le douloureux réveil*
> *Des songes de jadis met-il dans ma pauvre âme*
> *Plus de glaçante nuit que ton ciel n'a de flamme ?*
> *Le vent roule, chargé d'un arome de fleur,*
> *Mais ce souffle ne fait qu'exalter ma douleur.*
> *Ah ! ma douleur m'étreint d'une étreinte de fièvre.*
> *Ce vampire maudit met sa lèvre à ma lèvre.*
> *N'aurai-je donc jamais, lâche et morne martyr,*
> *La force d'étouffer le monstre ou d'en mourir ?*
>
> . . . .

Ils prouvent, ces vers-ci, qu'il faut se réjouir quand aucun autre mirage, celui de la tristesse intime, ne vient s'interposer entre nous et la beauté visible, et vraiment, ici, ce serait deux fois

une pitié, tant cette route est gracieuse et sau
vage... Des tours blanches continuent d'attester de
place en place l'ancienne surveillance contre les
pirates. Les villages aux maisons blanches portent
des noms grecs, comme Kalimera. La mer san
cesse ondule à l'horizon, d'un bleu comme moiré
de frissonnements, et voilà pointer par delà
cette mer la côte d'Albanie, violette avec un sau-
poudrement de blanche neige. Le train s'arrête
au pied d'une ville qui presse ses maisons sur une
colline cerclée de remparts et de bastions : c'est
Otrante, qui ne paraît pas avoir bougé depuis la
fameuse année où les Turcs lui donnèrent le sanglant assaut. Ah ! le subit, le délicieux enchantement de couleurs ! Les oliviers autour d'Otrante
sont gris, elle-même est construite de pierres
dorées et roussies. La mer, dans ce repli du golfe et
à l'horizon, étale des nuances profondes de saphir.
Pas un nuage ne flotte au ciel qui semble de turquoise. Les montagnes de la presqu'île grecque,
ainsi aperçues au lointain avec des reflets d'amé-
thyste et d'argent, montrent jusqu'à leurs cassures
d'un lilas plus foncé où traîne la tache claire des
villages. C'est le Finistère d'Italie ou presque, car
le cap d'Otrante fait, — avec celui de Leuca,
l'ancien Yapyx, et Gallipoli, — un triangle qui

termine la péninsule du côté de la Grèce. Je me rappelle que vers la fin de l'année 1887, à la même époque et par un jour tout semblable, j'étais sur une montagne de Corfou à chercher cette côte d'Otrante, par delà les vagues, en compagnie de mon vieil ami, M. Napoléon Zambelli. Ce sage indulgent, fils du gouverneur de Zante sous Napoléon Ier, était plus âgé encore que le duc de Castromediano. Il avait, lui aussi, voué sa vie à l'affranchissement de son pays, au retour des îles Ioniennes à la Grèce. Quoiqu'il n'eût pas connu les épreuves affreuses de Montefusco, il avait traversé de mauvaises heures et il restait si gaiement, si légèrement ironique et bon! — Comment établir avec des contrastes pareils une loi générale d'optimisme ou de pessimisme? — Je me souviens encore que sur cette montagne, et tout en regardant bleuir cette vaste mer, il me parlait de Mérimée. Il l'avait beaucoup connu par un M. Grassot, consul de France à Corfou en des temps lointains et dont une aventure de jeunesse paraît avoir servi de thème à Stendhal pour l'épisode de la séduction de Mathilde dans le *Rouge*. M. Zambelli avait été chargé, après la mort de ce consul, de détruire une correspondance du romancier-sénateur, par trop digne d'être imprimée à Eleuthéropolis, comme la première édition du célèbre opuscule « H. B., par un des Quarante, » et, me traduisant le joli souhait des enfants le long des routes, que j'ai déjà cité : « Puissiez-vous jouir de vos yeux ! » il me racontait que ce dur, cet âcre Mérimée eut des larmes au bord des paupières la première fois qu'il l'entendit.

Ce sont des souvenirs moins idylliques et moins modernes que rappelle Otrante, car toutes choses dans cette ville semblent dater de la terrible année 1480 dont elle ne s'est visiblement pas relevée. Partout, dans les remparts, dans les maisons, dans les églises, se voient d'énormes boulets de pierre lancés par les Turcs. Les étroites rues tournent entre des maisons ruinées et abandonnées qui n'ont pas été rebâties depuis lors. De rares passants circulent, presque tous pâlis par la fièvre que dégage une sorte de lagune en train de pourrir dans le voisinage. Un village de deux mille habitants misérablement rongés par cette malaria et vivant d'une pêche incertaine, — l'opulent Hydruntum en est réduit là. Ses remparts proclament cependant son ancienne importance et aussi le rang d'archevêque gardé

par son prélat, lequel porte le titre solennel de
Primas Salentinorum. Et, véritablement, la cathédrale justifie cette sonore appellation par la mélancolique splendeur que conserve sa masse
demeurée intacte dans cette universelle décadence. Cette basilique est, comme le San Nicola
de Lecce, un reste de la domination normande.
Elle fut inaugurée par les soins de Roger, duc de
Calabre et d'Apulie, — le propre fils du fameux
Robert Guiscard. Transformée en écurie par les
Turcs après le sac de la ville, plusieurs fois pillée
et bombardée, elle n'a guère conservé de ses
décorations que la surprenante mosaïque qui
remplit tout son pavé. Des inscriptions encore
lisibles racontent que cette mosaïque fut exécutée par un certain Pantaleone sur l'ordre d'un
archevêque Jonathas à la fin du XIIe siècle. Elle
dessine un arbre colossal dont la base repose sur
la porte de l'église et qui monte jusqu'au pied du
maître-autel, — arbre touffu, feuillu et chargé à
ses immobiles branches de fruits mystérieux
qui sont des figures humaines. Ces figures, tour
à tour, représentent Adam et Ève, Alexandre et
Noé, Caïn et Abel, Samson et le roi Arthur.
Les signes du Zodiaque et les mois de l'année
s'y mélangent, chacun d'eux évoqué par les tra-

vaux qui lui conviennent. Cette étrange et
gigantesque végétation d'images où le travail de
l'histoire et celui de la nature se trouvent symbo-
lisés, attend ainsi le pied de l'officiant qui, marchant à l'autel, va fouler la gloire entière des
siècles et du monde. La mystique ramure se pro-
longe et se replie entre douze grandes colonnes
de marbre vert dont les chapiteaux ornés d'emblèmes impies furent arrachés à un temple païen.
La légende veut que ce soit celui de Minerve.
Pour achever cette grande et forte impression du
Moyen-âge, voici qu'après être descendu dans la
crypte, supportée, elle aussi, par quarante-deux
colonnes d'anciens temples, — trophées du paganisme comme esclavagés par le Dieu nouveau,
— j'aperçois, au moment de sortir et près de la
porte, un des plus tragiques tombeaux que j'aie
vus. Une statue d'évêque en ornements pontifi-
caux se penche à demi hors du mur. Sa main
puissante, où brille l'anneau pastoral, se lève
pour bénir, et, au-dessous, rigide, les pieds nus,
la face creusée, le nez pincé par la mort, ce
même évêque gît couché dans une robe de
moine. Une épitaphe se lit à côté, d'une si dure,
d'une si éloquente concision qu'elle pourrait être
celle non seulement d'un homme, mais de la ville

elle-même, mais d'un peuple, mais de toute cette histoire humaine configurée dans la mosaïque multicolore qui serpente aux pieds des colonnes de marbre :

Decipimur votis. Tradunt nos tempora. Sed mors
Delenit curas. Anxia vita nihil.

(Nous sommes déçus dans nos vœux. Le temps nous trahit, mais la mort — adoucit les peines. La vie anxieuse n'est rien...)

XXII

Lecce, le 24 novembre.

C'est une très vieille et très vénérable ville que la petite cité de Manduria, autour de laquelle les Tarentins se battaient en 338 avant notre ère, et où je suis allé hier visiter des remparts contemporains des premiers colons hellènes. Ces murs sont construits dans le système dit pélasgique, par blocs superposés et sans ciment. Je ne saurais dire s'ils appartiennent au second ou au troisième système d'appareil, comme s'expriment les livres spéciaux, mais je sais que le long circuit de ces pierres grises, amoncelées à une hauteur de trois ou quatre mètres dans la vaste plaine, coupé comme il est de-ci de-là par des ruines, saisit fortement l'imagination. Qu'ils sont loin dans le passé, les ouvriers barbares et cependant déjà très habiles qui taillèrent et roulèrent ces roches! Euripide attribuait déjà des constructions pareilles aux Cyclopes fabuleux, ajoutant qu'ils avaient pour outils « le levier, la règle et le marteau, » et Lucrèce, parlant de ces races primitives, les définissait dans les énergiques vers que de tels travaux rappellent invinciblement, et pour la traduction desquels je demande l'indulgence du lecteur :

> *At genus humanum multo fuit illud in arvis*
> *Durius, ut decuit, tellus quod dura creasset,*
> *Et majoribus et solidis magis ossibus intùs*
> *Fundatum et validis aptum per viscera nervis.*

> *Ces hommes, durs enfants de cette terre dure,*
> *Erraient dans la campagne, avec une stature*
> *Plus haute, et, charpentés d'os plus grands et plus forts,*
> *Des muscles plus puissants nouaient leurs rudes corps...*

C'est une pitié que ces murailles demeurent ainsi exposées aux moindres caprices des paysans, qui les éventrent ou les exploitent depuis des siècles au gré de leurs besoins. Il suffirait, pourtant, de les ranger parmi les monuments nationaux, comme il suffirait, pour préserver d'une usure qui la ronge, la merveilleuse mosaïque de la cathédrale d'Otrante, d'y faire poser un revêtement de bois mobile. — On a fait de la sorte, et avec raison, pour les mosaïques de Beccafumi dans la cathédrale de Sienne. — C'est, du moins, ce que m'explique, à propos de ces murs cyclopéens, M. Giuseppe Gigli, un distingué poète de cette province. Il me sert de guide pour aller, à une heure plus loin, visiter la forteresse d'Oria, construite par Frédéric II. Je me console presque de n'avoir pas poussé jusqu'à Castel del Monte, que Gregorovius affirme être le chef-d'œuvre de l'architecture Souabe dans les Pouilles, par la vue de ce château-ci. Au dehors, il ne lui manque pas une pierre. Les deux tours rondes qui le terminent à l'une de ses extrémités sont d'une sveltesse délicieuse de formes, et qu'elles s'accordent bien avec la sveltesse de tout l'édifice dont l'autre extrémité s'achève en proue de navire ! Des balcons dentelés se tapissent dans les angles rentrants. Un feston de créneaux curieusement ouvrés court sur le faîte, et ce gigantesque bijou de pierre a pour bordure un jardin qui se développe en contournant la base des tours et des murs. En m'y promenant, je me souvenais des douces vignes du Rhin étagées de même au pied de quelque *Schloss,* et de ces allées que l'on n'oublie plus, après y avoir erré durant les soirs d'été, enveloppé, caressé par l'arome du tilleul en fleur. Mais quoique ce fût ici un automne italien, c'était un automne tout de même, et les allées de ce jardin d'Oria étaient plantées, au lieu de tilleuls embaumés, de mornes cyprès, noir et mouvant rideau à travers lequel je découvrais l'immense, la fertile plaine. Dans les buissons frissonnaient ces frileuses roses de novembre qui ne jettent pas de parfums et que la première bise effeuillera. D'autres fleurs d'automne frémissaient dans les plates-bandes et des plantes vertes, parmi lesquelles, pour remplacer le parfum absent des roses, cette citronnelle à la pénétrante senteur que les Italiens appellent du joli nom d' « herbe Louise. » Quel endroit pour s'asseoir sous le soleil qui n'est plus brûlant et qui rayonne d'un éclat doux et tristement caressant, comme dans un beau ciel d'un septembre français, et pour se souvenir, comme dit le poète :

De ce que l'existence a d'intime et d'amer !...

Mais je ne veux pas être venu ici pour m'abandonner au démon du songe qui flotte dans toutes les vapeurs d'automne, et me voici, pour me comporter en touriste consciencieux, à causer avec mon guide sur les superstitions et les poésies populaires de ce pays qui s'anime pour moi à sa parole, en images gracieuses ou farouches. Il y est né, il y a grandi, là-bas à Manduria, dans sa vieille maison dont ses fouilles feront un jour un musée de médailles locales et de statuettes en terre cuite trouvées parmi les débris des tombeaux. Il a la sagesse de n'en point partir, et dans les brochures qu'il a déjà publiées * se rencontrent assez de notes prises sur place et vraiment suggestives pour fournir une abondante moisson aux philosophes des mœurs, curieux de traduire en démonstrations scientifiques le distique de Sainte-Beuve :

Paganisme immortel, es-tu mort ?...

Ils chantaient dans mon souvenir, ces vers, l'autre matin, quand j'arrivais dans la blanche Bari, assise nonchalamment au bord de sa mer bleue. C'est eux encore qui me reviennent à mesure que mon hôte me résume, de mémoire, quelques-unes des singulières traditions restées vivantes ici. Elles laissent transparaître si naïvement le naturalisme de leur lointaine origine !

* Je citerai, en particulier, les très curieuses pages intitulées : *Superstizioni, Pregiudizi, Credenze e Fiabe popolari nella terra d'Otranto, saggio storico.* (Lecce, 1889.) Le joli conte de *la Fiancée du Roi* s'y trouve rapporté tout au long.

Quand, par exemple, les laboureurs voient le soleil s'abaisser au bord de l'horizon, ils s'arrêtent de travailler, et, agenouillés en demi-cercle du côté de l'astre qui se couche, ils entonnent une prière. Les mots peuvent être changés, c'est bien Phœbus Apollon, l'antique archer aux flèches mortelles durant les mois caniculaires, que ces cœurs simples adorent, comme c'est bien les dieux lares antiques qu'ils redoutent sous la forme d'un esprit appelé encore aujourd'hui *Lauro.* Ce *Lauro* est un petit nain de trente à quarante centimètres de haut. Il est brun, avec des cheveux frisés qu'il coiffe d'un chapeau à la calabraise, et le velours de son vêtement luit d'une fantastique lueur. Avec cela capricieux, plein de sympathies ou d'antipathies également inexplicables, il vous demande ce que vous désirez ; vous lui répondez : « un sac d'argent ; » il vous apporte un sac de cosses vertes. Vous avez l'esprit de lui réclamer un sac de cosses vertes, il rit et vous apporte de l'argent. C'est le *Lauro* qui fait maigrir par malice telle ou telle bête du paysan, lui qui tresse de façon bizarre les crinières des chevaux du charretier, lui qui fait tomber les plats que la ménagère maladroite porte entre ses mains, et se rompre la vaisselle du pauvre ménage. Tous les *contadini* entre Gallipoli et Lecce jurent l'avoir rencontré ou tout au moins l'avoir entendu qui trottinait dans la maison de son pied leste. C'est à l'individu qu'il s'attache et non à l'endroit. Changez d'habitation, vous le retrouverez, fidèle à vous suivre. Une fermière, tourmentée par un de ces génies malicieux, quitta sa ferme pour une autre. Elle déménageait son mobilier. Que devint-elle en voyant le *Lauro* qui malicieusement l'aidait à soulever une lourde soupière ?

Parmi les autres déités, dont la secrète influence est encore redoutée sans que leurs attributs soient presque changés, il faut compter naturellement les anciennes déesses des bois, les faunesses, les compagnes des faunes, devenues des fées. Elles président toujours aux floraisons des arbres ainsi qu'aux murmures des fontaines comme les Dryades et les Nymphes. Il y a surtout l'Orco, *nanni nercu,* dans le nom duquel se reconnaît l'antique Orcus, fils d'Éris et vengeur des Euménides, personnage vague et qui a fini par représenter les forces réunies de l'Hadès :

..... *Minos sedet arbiter Orci.*

Et, nécessairement aussi dans cette presqu'île

qu'embrasse de toutes parts une mer caressante, bleue comme de beaux yeux, onduleuse comme de molles chevelures, dangereuse comme un amour menteur, les Sirènes ont survécu, avec leur légende en qui s'incarne la grâce souple de la vague, son attrait funeste et son mystère. Ces voluptueuses et redoutables Sirènes sont aussi vivantes qu'aux temps où Homère décrivait Ulysse attaché au mât et s'enivrant de leurs chansons, grâce à cette ruse, avec sécurité. Je ne peux résister au plaisir de résumer ici un des récits recueillis sur le compte de ces séduisantes Dalilas de la mer par mon compagnon de la visite au château d'Oria. On y verra que ces cruelles habitantes des eaux tiennent par instant le rôle de Déesses bienfaisantes. Cela s'appelle « la fiancée du roi » et c'est l'histoire d'une jeune fille de dix-huit ans qui avait, comme il convient à l'héroïne d'un conte populaire, des prunelles couleur des vagues et des cheveux couleur de soleil. Sa mère en mourant la laissa aux soins d'une amie, mère elle-même d'une fille du même âge, mais « toute laide et torse, avec des yeux blancs comme ceux des chats, avec des cheveux hérissés et noirs comme ceux d'une sorcière. » Il arriva que, passant par le village, un haut et puissant roi aperçut la pauvre orpheline.

Il en devint perdu d'amour et il se résolut à l'épouser, pour la plus grande fureur de la tutrice qui, voulant se venger de voir la belle enfant préférée à sa propre fille, imagina un de ces stratagèmes peu compliqués, comme il sied, cette fois, aux traîtres des contes : — « Majesté, » dit-elle au roi, le soir des noces, « j'ai recueilli dans ma maison votre fiancée quand elle était pauvre et abandonnée. En récompense, je vous demande une grâce. Je ne veux ni or, ni joyaux, ni titres. Permettez seulement que ma fille et moi soyons les seules à prendre place dans le carrosse de notre future reine. Hélas! c'est la dernière fois que notre humble condition nous permettra de nous tenir ainsi auprès d'elle. »

Le roi répond : — « Je vous l'accorde, » et le cortège se met en marche, l'époux en tête avec ses chevaux, l'épouse ensuite, enfermée avec les deux femmes dans le carrosse de gala. Après un peu de temps, ils arrivent tous devant un château que teintait en rouge le soleil couchant :

— « Regardez, » dit le roi en appelant sa fiancée par son nom, « ce château est à nous et nous y passerons au frais les longs mois d'été. »

Comme le bruit des roues n'avait pas permis à la jeune fille de bien entendre :

— « Mais qu'a dit le roi ? » demande-t-elle.

— « Il a dit, » répond la mère de la fille laide, « que ma fille et toi échangiez vos vêtements. »

La fiancée jugea en elle-même que c'était un caprice bien étrange, mais la volonté de son seigneur lui étant sacrée, elle obéit. Après une heure, la caravane s'engage dans une épaisse forêt. Le roi, se retournant de nouveau sur son cheval, dit à sa fiancée :

— « Regardez, regardez ce beau bois. Nous viendrons y tuer les lièvres et les sangliers. »

— « Qu'a-t-il dit ? » demande encore la jeune fille.

— « Il a dit, » reprend la mauvaise femme, « que tu donnes à ma fille tes bijoux, tes colliers avec ta couronne royale qui resplendit de pierres rares et coûteuses. »

La fiancée sourit cette fois, et elle obéit. On marcha encore une heure et la voiture longeait maintenant la mer. Le vent soufflait. La nuit venait. De gros nuages annonçaient la tempête.

— « Reine, ma reine, » dit le roi en se retournant pour la troisième fois, « regardez cette mer. Nous nous y embarquerons, vous et moi, sur mon vaisseau royal... »

— « Que dit le roi? » demande la fiancée à ses perfides compagnes.

— « Il dit que tu dois te jeter dans la mer. »

On entend le bruit d'un corps qui tombe. La malheureuse fille venait de s'élancer dans les flots. « Mais, » ajoute judicieusement la légende, « elle ne devait pas mourir, parce qu'elle était belle et bonne, et qu'elle méritait d'être récompensée et non punie de son obéissance. » — Entre parenthèses, cette obéissance passive de la femme révélerait à elle seule le voisinage du monde oriental, et ce n'est qu'un trait de mœurs locales interprété avec le fantastique d'un récit populaire. C'est même cette singularité qui m'a fait transcrire le dialogue tel que le rapporte la brochure de M. Gigli. — Pour ne pas entrer dans un détail trop ténu et vous rassurer cependant sur le sort de cette trop exemplaire fiancée, sachez que des Sirènes la recueillent, et la conduisent dans le palais de leur Mère commune, au fond du fond de l'abîme. Le roi, arrivé à sa ville, s'aperçoit avec épouvante de la métamorphose subie par celle qu'il doit épouser. Il attribue ce changement à un invincible maléfice. Pris de mélancolie, il va se promener au bord des flots. Il entend une voix qui gémit dans leur gouffre et qui lui raconte toute l'histoire. Cette voix ajoute que, pour obtenir le retour de sa fiancée, il doit, — je laisse de nouveau la parole au conteur qui sera responsable de cette étrange conclusion, — « faire verser dans la mer *une énorme quantité de vin, de fromage et de pain,* de quoi assouvir les Sirènes et leurs prisonniers qui n'ont pas mangé depuis si longtemps et qui surpassent en nombre les habitants de la terre... »

Certes le coup de baguette est inattendu qui change ces perfides dévoratrices en patronnes de table d'hôte pour naufragés. Il se rencontre ici malheureusement d'autres superstitions moins innocentes et qui ont pu donner occasion à de dangereuses pratiques. Je veux parler de celles qui se rapportent aux trésors. — « Je faisais, » raconte M. Gigli, « pratiquer des fouilles dans un de mes terrains tout près de cette célèbre fontaine dont parle Pline et dont on ne voit jamais s'élever ni s'abaisser le niveau. J'étais à surveiller le travail, quand plusieurs paysans me prirent à part pour me déclarer qu'il y avait, dans ce terrain, un grand puits communiquant avec cette fontaine. Ils ajoutèrent que dans ce puits était un trésor constitué par une grande poule couveuse avec onze poussins, tous en or massif et d'un poids énorme. Ils le savaient de connaissance sûre, l'ayant entendu, tout petits, de leurs pères. Seulement je ne découvrirais ce trésor qu'à la condition de précipiter dans ce puits un garçon ou une fille de cinq ans, à moins qu'il ne se trouvât une femme enceinte pour supporter durant toute la fouille un serpent sur son sein nu. A la minute même où l'on toucherait au trésor ce serpent disparaîtrait par magie... » Visiblement cette idée d'un sacrifice expiatoire et celle d'une somme d'argent à découvrir s'associent d'une manière étroite et constante dans ces imaginations primitives. « A la ferme de San Domenico qui appartient au marquis d'Ayala-Valva, » ajoute mon guide, « il y a un trésor gardé par un démon. Mais avant de le prendre, il faudrait remplir un fossé avec une assez grande quantité de sang humain pour y noyer un veau. »

Qui croirait jamais que le vaste et doux paysage dominé par le paisible jardin d'Oria puisse servir de cadre à d'aussi funestes rites! J'aime mieux les oublier et interroger celui qui me les commente sur des croyances moins sinistres, celle, par exemple, qui veut qu'un joueur soit sûr de gagner toujours s'il garde dans sa bourse un lézard à deux queues, — ou plus gracieuses, comme cette pratique destinée à conjurer l'orage. Lorsque l'horizon se charge de nuées, les femmes amènent au milieu de la rue un petit garçon ou une petite fille de sept ans, et l'enfant doit chanter, en jetant à droite, à gauche, en face, trois morceaux de pain :

> *Ozili, San Giuanni, e no durmiri,*
> *Ca sta vesciu tre nueli viniri*
> *Una d'acqua, una di jentu, una di malitiempu.*
> *Du lu portamo stu malitiempu ?*
>   *Sotto'a na grotta scura,*
>   *Do no canta jaddu,*
>   *Do no luci luna,*
> *Cu no fazza mali a me, e a nudda creatura !*

(Lève-toi, Saint Jean, et ne t'endors pas, — trois nuages noirs arrivent là-bas, — un d'eau, un de vent, l'autre de tempête. — Où l'apportons-nous, cette tempête-là ? — Dans une grotte obscure, — où pas un coq ne chante, — où ne glisse pas un rayon de lune, — pour qu'elle ne fasse de mal à moi ni à aucune créature.)

Et je veux demander aussi à mon compagnon de me répéter cette touchante chanson populaire en dialecte de Manduria, qui s'accompagne du tambourin et qui doit guérir les malades mordus de la tarentule ou rongés d'un chagrin d'amour.

Malinconicu cantu, e allegru mai.
Cacciati forà sti malincunii.
Comu l'aggiu a cacciari, quannu tu sai ?
Ai nu cori e lu donai a ti.

(Mélancolique chanson et gaie jamais — chassera-t-elle de moi cette mélancolie ? — Ah ! comment la chasserait-elle, avec ce que tu sais ? — J'avais un cœur et je te l'ai donné !)

Le *u* abonde dans ces vers comme dans les romances siciliennes, ce *u* prononcé *ou* qui assourdit, qui étouffe la phrase. Le rythme traîne et pleure, comme le *tango* et la *petenera* d'Andalousie. Ces chants populaires de l'extrême Midi italien produisent une impression presque identique à celles des hymnes religieux qui gémissent dans les cérémonies juives. L'Orient sommeille derrière ces cantilènes, le vaste, l'impénétrable Orient avec la tristesse et les mirages de ses déserts. Des gouttes du sang arabe sont demeurées ici, mélangées au sang des vieux Hellènes, et je crois voir s'accouder au balcon du château, avec son énigmatique sourire, le sacrilège empereur qui le construisit. Le scepticisme de ce subtil Frédéric II paraît si bien avoir deviné ce que nos hypothèses scientifiques aperçoivent plus nettement aujourd'hui : le nombre des indémêlables fils que l'hérédité tisse dans nos êtres, en sorte que dans les chrétiens sincères d'aujourd'hui les ancêtres païens revivent et d'autres ancêtres aux croyances plus obscures encore. Et chrétienne, païenne ou mahométane, dans les lumineuses plaines du Midi comme dans les brumes du Nord, la pauvre âme humaine est toujours ce violon de songe et qui rend, touché par la vie, cette plainte jamais consolée, cette mélancolique chanson qui ne peut s'égayer :

Malinconicu cantu, e allegru mai...

XXIII

Tarente, le 26 novembre.

« Je gis très loin de la terre d'Italie et de Tarente, ma patrie, et cela m'est plus dur que la mort... » Qui parle ainsi, avec cette sobriété dans la plainte, plus touchante pourtant que les plus longues élégies? Un des poètes de cette divine *Anthologie* dont il faudrait relire quelques vers chaque matin pour enchanter tout son jour — comme les amoureux relisent une lettre de leur amie absente. Ce poète s'appelait Léonidas, et il avait émigré en Grèce, après que le rude consul Pacuvius eut pris la ville. Cet exilé avait sous ses yeux l'Acropole d'Athènes, alors intacte et dominée par la grandiose statue de Pallas. Il avait le ciel bleu de l'Attique, la ligne idéale de ces montagnes, et, à son choix, pour varier le décor

de cet exil, les molles cités de l'Asie, la profonde,
la mystérieuse Égypte, le vaste Orient. Mais il se
tournait vers sa Tarente, assise entre son grand
bassin d'eau salée, ce lac intérieur qui s'appelle
encore aujourd'hui le *mare piccolo,* et la grande,
la mouvante mer Ionienne. C'est qu'aussi la
Tarente d'il y a deux mille deux cents ans,
dans ce IIIe siècle avant l'ère présente*, n'était
que splendeur et délicatesse, avec ses théâtres
et ses courses de chevaux, ses banquets raffinés
auxquels fournissait cette mer intérieure si
riche en poissons, ses courtisanes blanches et
noires venues de la Sicile et de l'Afrique, la pourpre de ses étoffes, la douceur fraîche de son
climat sans cesse avivé par la brise. D'innombrables statues peuplaient ses temples, et l'argent affluait dans son port, à un tel point
qu'une fois prise, le cours des métaux changea
du coup sur le marché de Rome. Fondée par une
poignée de bâtards lacédémoniens, elle avait dû
son hégémonie sur les autres colonies de la
Grande-Grèce à l'influence d'un de ces philosophes législateurs comme il s'en produisit plusieurs alors, le célèbre Archytas. Nous avons

* 272 avant N.-S. Jésus-Christ.

autant de peine à comprendre les hommes de cette espèce qu'à nous expliquer certains artistes de la Renaissance italienne, un Léonard par exemple, tant les facultés, pour nous les plus contradictoires, se complétaient en eux au lieu de se nuire. Ce Vinci, que l'analyse la plus scientifique amenait à la supériorité de la forme, ne demeure-t-il pas une énigme insoluble, et de même ces métaphysiciens que la réflexion la plus abstruse conduisait au plus adroit maniement des forces politiques ? Notre France a connu, pour son malheur, des philosophes politiciens, un Rousseau, un Proudhon, d'autres encore. Nous savons quelle détestable besogne de désordre inutile ces orgueilleux génies ont accomplie. Un Pythagore, au contraire, et un Archytas ont pu appliquer à loisir leur idéologie, et le succès a prouvé combien leur valeur d'hommes d'action était augmentée par leur valeur spéculative. C'est aussi qu'ils travaillaient sur la plus subtile matière qui fut jamais, sur cette humanité hellénique auprès de laquelle nous continuons, avec tous les progrès de notre civilisation, d'être des barbares. C'est que la question sociale était toute résolue alors par l'esclavage. Il faut d'ailleurs ajouter que la réussite de leurs bienfaisants essais a peu duré. La Némésis éternelle n'a pas plus épargné leur œuvre que leur personne. Pythagore put voir, lui vivant, ses disciples proscrits et massacrés. Retiré de Crotone, il se laissa périr de désespoir à Métaponte. Archytas, lui, ne fut pas plus tôt mort que, la prospérité où il avait porté sa ville débordant en luxe, Tarente perdit la force de se défendre elle-même. Elle commença d'appeler à son aide les soldats étrangers, le roi d'Épire, entre autres, et elle fut une première fois prise par les Romains que guidait ce Pacuvius. Elle crut s'affranchir en acclamant Hannibal. Mais ce grand homme dut quitter l'Italie, rappelé en Afrique par le danger de Carthage, et le vieux Fabius, chargé de châtier la rebelle Tarente, la soumit à un de ces pillages systématiques, habituels aux Romains. Trente mille citoyens vendus comme esclaves, des boisseaux de monnaies envoyés à Rome, — de ces belles monnaies où l'on voit le fils de Neptune, Taras, fondateur fabuleux de la ville, brandir le trident et chevaucher un dauphin, — tous les temples dépouillés de leurs statues, l'expiation fut définitive et terrible. Le superstitieux général ne respecta que les images des divinités figurées dans des attitudes de colère : sans doute un Jupiter lançant la foudre, un Apollon perçant de ses traits les Niobides, un Persée égorgeant la Gorgone, un Hercule terrassant l'Amazone, et meurtrissant de son pied brutal le pied délicat de la belle et frêle guerrière, une Pallas montrant l'égide. Il expliqua sa résolution par un mot d'une éloquence brève et tragique comme en savaient trouver les anciens : « Laissons aux Tarentins, » dit-il, « les Dieux irrités. »

Et cependant, après ces épreuves, la molle Tarente, regrettée par l'exilé, offrait encore un asile de si paisible volupté que l'épicurien Horace et le tendre Virgile y placèrent tous deux, le premier son rêve de spirituel égoïsme, le second sa chimère d'une mélancolique retraite dans un paysage d'idylle : « Plus que tout autre sur la terre, — ce coin de golfe me rit..., » chante l'un, et l'autre : « Je me souviens, sous la tour de la haute Tarente, — au bord du Galèse qui, noir, arrose de jaunes campagnes, — j'ai vu un vieillard qui possédait bien peu — d'arpents d'une terre abandonnée, inféconde en troupeaux, — peu propice au blé, peu favorable à la vigne. — Lui, pourtant, il cultivait là de rares légumes, et, tout blancs autour, — se dressaient des lys parmi des plants de verveine et de sauvages pavots. — Il égalait en bonheur les rois... — N'était-il pas

au printemps le premier à cueillir des roses ?... »
Comme Dante a eu raison de le choisir pour son
guide dans son mystique voyage, ce doux, ce
plaintif Virgile ! Tous deux, en effet, ont eu
l'amour passionné du sol natal. Ils ont été de
grands Italiens, blessés jusqu'au cœur par la
misère de ce pays, fait pour être si heureux et qui
a tant souffert. Ils en ont célébré les moindres
places. En traversant la Toscane, sans cesse je
reconnaissais un verset de *la Divine Comédie* suspendu comme une guirlande de gloire ou de
deuil aux portes des petites villes, et ici je trouve
que des vers des *Géorgiques* ou de l'*Énéide* fleu-
rissent encore d'impérissable poésie les endroits
aujourd'hui bien déchus de cette extrémité d'Italie.
Qu'elle est éloignée pourtant de Mantoue, éloignée de ce lac de Garde serré entre les pans rouges
des montagnes et dont les flots bleus, d'un bleu de
glacier, jettent sous le vent, qui s'appelle encore
du nom presque latin d'*ora*, une clameur de mer :

Fluctibus et fremitu resonans, Benace, marino !...

Oui, bien déchus ! Car cette Tarente moderne
que je viens de visiter longuement n'a pas même
ce charme d'une décadence inconsolée qui, par

exemple, fait d'Otrante un inoubliable décombre d'une splendeur passée. Une ruine complète a tant de grandeur! Ceux qui sont allés jusqu'à la pointe de la Sicile qui regardait Carthage, se rappellent ce monticule de Sélinonte et combien ces temples, abattus comme d'un souffle par le tremblement de terre, sont majestueux, dans leur total écroulement, d'une majesté qu'ils n'eurent certes pas, même quand ils menaçaient leurs colonnes gigantesques, cette mer africaine où volaient les galères Puniques. La pire déchéance, pour les cités comme pour les hommes, c'est de se survivre, et dans la médiocrité. Ramassée sur l'îlot qui servait seulement d'acropole à la ville ancienne, la Tarente actuelle est construite en maisons sordides entre lesquelles tournent des rues aussi étroites que la plus étroite *calle* de Venise. La population qui remue là dedans, hâve de fièvres, rongée de maladies de peau, nourrie qu'elle est de poissons et de fruits de mer, n'offre aucun caractère qui permette de retrouver le type de grâce dont sont empreintes les statuettes en terre cuite, fabriquées ici, avec un tel attrait de finesse. Même le coin de quai où se débitent ces fruits de mer, renommés dans le royaume de Naples, n'offre pas ce spectacle de grouillement qui fait de la marge du port, à Marseille, une solfatare de vitalité populaire. Cette *mare piccolo*, non plus, ce lac intérieur que ferme l'îlot où pose la ville ne saurait se comparer ni à l'étang de Berre ni à la rade de Cadix, ni, plus près d'ici, à celle de Syracuse. Les collines qui l'enserrent dessinent une courbe qui n'est ni assez gracieuse ni assez grandiose. Tout hérissé de pieux qui le parsèment, ou mieux qui le mouchètent de points noirs et marquent la place des bancs d'huîtres et de coquillages, ce lac n'a pas la physionomie d'un vaste port. Du moins il ne l'avait pas sous le ciel bas qui le couvrait quand je l'ai vu, fouetté d'un vent aigre qui faisait clapoter les flots verdâtres sous la coque d'un unique bâtiment de guerre au mouillage. La nuance du jour est aux paysages de mer ce que l'acoustique d'une salle est à la musique. Ils changent, ils vivent, ils s'attristent, ils s'égaient avec l'heure qu'il est, le ciel qu'il fait, le vent qui passe. A une seconde visite peut-être reverrai-je Tarente avec d'autres yeux. Cette fois ma déception a été grande, et je la mentionne simplement.

Si je la hasarde jamais, cette seconde visite, les

courageux archéologues qui sont à la recherche des monuments de la Tarente grecque auront-ils été plus heureux dans leur patient travail? Jusqu'à présent, sur cette acropole qui fut une des gloires artistiques de la Grande-Grèce, ils n'ont découvert que deux colonnes Doriques, revêtues de plâtre. Encore l'une est-elle entamée sur le côté pour la commodité de la construction. Elles sont engagées en effet dans un couvent où elles jouèrent le rôle de piliers tout trouvés. Ce modeste rôle les préserva pourtant, comme à Syracuse d'autres colonnes, celles du temple de Minerve qui se voient encore, emprisonnées dans la cathédrale, avec leurs cannelures régulières et le coussinet sévère de leurs chapiteaux. Seulement, à Syracuse, le temple tout entier a été enveloppé de la sorte, et son architecture se reconnaît tout entière aussi, tandis qu'à Tarente les deux colonnes prisonnières ne racontent rien de l'édifice dont elles furent une portion. Cela cependant et quelques débris de vieux marbre ou de terre cuite dans trois salles décorées du nom de musée, c'est toute la poussière d'art laissée par plusieurs siècles de splendeurs sur cette colline fameuse. Il est vrai qu'un de ces fragments de marbre, une tête mutilée de Déesse, — Proserpine ou Vénus.

— est admirable de sensualité triste et puissante, et, parmi les autres petites têtes détachées des statuettes funéraires, il en est de délicieuses, dignes de leurs sœurs de Tanagra par des coquetteries de coiffure et des finesses de sourire, qui évoquent tout un univers de jolies élégances féminines. Il est encore vrai qu'une dizaine des vases recueillis dans les récentes fouilles montrent des peintures d'une rare perfection. Un d'entre eux, un *lékithos* où se trouve figurée une scène de départ, les adieux d'un fils à son père, rayonne de beauté, à la fois morale et physique. Le cheval qu'un esclave amène est déjà aussi parfait d'exécution que pourra l'être celui de l'empereur Constantin dans la fresque de Raphaël. Il rappelle ces magnifiques animaux qui se cabrent sur la frise sacrée du Temple, je veux dire le Parthénon, dans la cavalcade des Panathénées. L'attitude des personnages témoigne d'un sens exquis du pathétique. C'est tout simple, c'est tout familier, et c'est si grand. Le secret de l'art Grec réside la, dans cette finesse à dégager la ligne unique et nécessaire qui évoque la vie et en détermine du coup comme le type éternel. Malgré les parodies académiques, malgré les pédantes déclamations des professeurs et malgré les préjugés, non moins oppresseurs, des révoltés modernes, ces doctrinaires à rebours et aussi conventionnels dans leur pédantisme de négation, quand cet art Grec apparaît, fût-ce ainsi dans quelques exemplaires de second ordre, et si incomplets, il s'empare de vous comme le soleil s'empare des yeux. L'évidence de sa supériorité est si forte que ce peu suffit pour justifier, dans son discrédit de traduction, cette épithète de barbares que les Hellènes donnaient à tous les peuples qui n'étaient pas eux.

Ils sont venus ici, ces barbares, qui ont détruit tant de civilisation délicate et raffinée, surtout de la mer. O ironie des légendes! Car cette mer avait apporté aussi au monde antique la Déesse de la Beauté, cette Aphrodite que le Botticelli de Florence nous montre, portée par les vents qui sèment sur elle des fleurs et debout sur sa conque, jeune, frêle, ensorcelante d'un charme qu'elle ne sait pas encore. C'est vers cette mer, la grande, que je me suis acheminé au sortir du musée. La rangée des palais qui bordent une portion du quai de ce côté donne du moins une impression plus digne du nom que garde la ville. Quand je suis arrivé sur ce quai, le ciel toujours voilé teintait d'un violet sombre la houle mouvante, et la côte de la

Basilicate qui ferme l'immense golfe détachait à
ma droite sa ligne d'un violet pâle entre ce firmament plombé et cette eau presque noire. Deux
îles, les Chœrades des anciens, aujourd'hui Saint-
Pierre et Saint-Paul, se dressaient devant moi, et
j'évoquais au hasard de l'imagination quelques-
uns des personnages qui ont regardé avec des
yeux aujourd'hui pour toujours fermés, ce même
horizon, — lequel n'a pas changé, lui, avec la
fortune de la ville. Je revoyais les citoyens assem-
blés au théâtre. Soudain ils aperçoivent les galères
romaines sur ces flots, et le peuple tout entier se
lève pour courir aux armes. Je revoyais le Carthaginois Hannibal fouillant de son regard cette
étendue des vagues, dans la dernière période de
sa guerre. De quel frémissement cet aventurier de
génie devait être remué, plus furieux que celui
des lames, à songer que ces lames iraient et vien-
draient indéfiniment, sans jamais lui apporter de
quoi remonter vers Rome, une fois manquée ? Je
revoyais les Sarrazins de 927 et leur débarque-
ment, à la suite duquel Tarente demeura quarante
ans abandonnée. Ils avaient, à la lettre, abattu
toutes les maisons et tué tous les habitants. Et
c'était devant ma mémoire un étrange défilé de
vingt autres images : les Byzantins rentrant ici,

avec Nicéphore Phocas, les Allemands avec
Othon II, puis les Normands de Roger, puis de
nouveau les Sarrazins avec Frédéric II et Manfred
qui porta le titre de prince de Tarente, puis les
Angevins, puis les Espagnols, puis les Français,
et, parmi ces derniers, par un contraste singulier
du sort, un général d'artillerie qui vint prendre
garnison et mourir ici en 1803, et cet officier de
Bonaparte n'était autre que Choderlos de Laclos,
le plus cruel des vivisecteurs de l'amour, l'auteur
des *Liaisons dangereuses,* ce chef-d'œuvre peut-être
du roman d'analyse.

Quelle énigmatique et composite figure que
celle de cet homme au renom inquiétant, presque
criminel, et pourquoi, venant de penser à sa fin de
vie si particulière, à cette mort sur ce rivage perdu,
ne puis-je plus m'en détacher? C'est que les données contradictoires de sa biographie le rangent
dans cette catégorie de talents indéfinissables,
dont l'histoire morale nous irrite en nous échap-
pant. Avant la Révolution, il est officier déjà, en
garnison à Grenoble, et, au moment même où
Beyle naissait là, il écrivait, lui, ce singulier livre
qui ne saurait, malgré cinq ou six détails libertins,
être confondu une seconde avec les badinages de

Crébillon ou ce vulgaire *Faublas*. Comme un peintre qu'un amateur chargerait de peindre une toile de musée secret et qui exécuterait, malgré lui et par la force involontaire de son génie, une œuvre tragique, Laclos a voulu sans doute, en composant ses *Liaisons,* rivaliser avec les conteurs à la mode, et il a gravé la plus sombre planche d'anatomie morale qu'aucun psychologue ait jamais osée. Avec ce coup d'œil du grand moraliste qui fonctionne en nous, malgré nous, quand nous le possédons, ou plutôt quand il nous possède, ce débutant a discerné et marqué d'un trait définitif ce qui fut la sinistre plaie, la maladie mortelle du XVIIIe siècle à la veille de finir par les échafauds de Robespïerre : la cruauté dans l'amour. Il en a, en même temps, démêlé les deux grandes causes : l'impuissance à sentir et l'abus de l'esprit. Il a créé, pour incarner ces deux misères, la marquise de Merteuil et Valmont, deux personnages si représentatifs, si complètement montrés et expliqués, si hardiment fouillés dans leur intime essence qu'ils ont fait peur. Comprendre le mal à ce degré, c'est presque en devenir le complice, — du moins pour les lecteurs simples qui ne se rendent pas compte de ce qu'est la grande intellectualité. L'audace spirituelle du livre a beaucoup plus contribué à sa renommée d'ouvrage coupable que l'audace matérielle qui ne dépasse pas, sauf en quelques lignes, — encore sont-elles presque inintelligibles à qui n'est pas averti, — ce qu'il est permis de montrer, du moment que l'on étudie les passions de l'amour. C'est un procès littéraire à reviser. Car si le livre est périlleux comme tous ceux où les passions sont trop profondément étudiées, il n'est pas immoral, et il ne pouvait pas l'être. On est trop porté à confondre ces deux termes, et à croire que l'influence d'un ouvrage est uniquement dans cet ouvrage. S'il y a des livres qui nous corrompent, il en est beaucoup de moraux, mais par qui nous nous corrompons. La moralité n'est que l'expression pratique des lois de la vie de l'âme, et, quand on aperçoit cette vie de l'âme avec le génie de Laclos, ne le voulût-on pas, on est moral parce qu'on ne peut se retenir d'énoncer ces lois. On n'a pas assez remarqué par quelle logique vengeresse les deux roués du roman, la marquise et Valmont, sont conduits, sont comme traînés à se haïr, à se détruire l'un l'autre. Lui, Valmont, croyant se posséder absolument, se laisse prendre à l'amour de Mme de Tourvel, tout en l'assassinant de duretés. Elle, la marquise, une

féroce envie pour cette même Mme de Tourvel
l'affole et la précipite aux pires imprudences pour
lui faire mal et se venger de cette étrange humiliation. Et qu'est cette femme, cette tendre et
infortunée présidente qui triomphe ainsi, en en
mourant, hélas! de ces deux scélératesses, sinon
une simple et douce amante, un cœur qui bat vraiment et qui se donne? C'était déjà beaucoup
d'avoir, dans ce livre unique, écrit, si l'on peut dire,
le testament sentimental de toute une société.
Laclos en resta là de son talent de romancier.
Nous le retrouvons sous la Révolution, familier du
Palais-Royal, confident du duc d'Orléans et confident directeur, conseiller d'ambition et d'intrigues, qui rêvait de peut-être devenir le Warwick
d'un roi fait par lui et pour lui. Il s'attache toujours
un intérêt de curiosité à voir ainsi les théoriciens
supérieurs de psychologie passer de la pensée à
l'action. Qu'est-ce, quand l'action est de cet ordre,
mystérieuse et terrible à la fois, mêlée au drame le
plus sanglant de l'histoire moderne? Qu'on aime-
rait que la plume des *Liaisons* eût tracé l'histoire
de ces intrigues et les portraits des héros de 90
avec cette même sûreté de traits qu'elle avait fait
les héros de 80, qui préludaient par les infamies
du cœur aux infamies de la politique! Qu'on ai-

merait à savoir aussi quelles idées promenait sur ce rocher de Tarente cet observateur, désenchanté dès ses trente ans, et qui, ayant repris du service sous Bonaparte, disposait ses batteries sur ce fort dont je vois les tours en ce moment dresser leur masse dans le soir qui tombe? Et la voix de la mer clame sa grande parole inintelligible qu'elle a jetée, toujours pareille, aux innombrables hôtes que la destinée a immobilisés une minute ou des années à cette place, sur ce rocher tant regretté par son poète... « Loin de Tarente, et cela m'est plus dur que la mort! »

XXIV

Tarente, le 28 novembre.

Le tout petit musée visité deux fois, et deux fois les ruelles de la vieille ville, que faire à Tarente lorsque l'on n'est ni ingénieur maritime, ni collectionneur de coquillages ? François Lenormant, qui remplace ici, comme il arrive aux voyageurs professionnels, l'impression par le renseignement, rapporte dans sa *Grande-Grèce* que le *mare piccolo* enferme en ses six lieues de tour quatre-vingt-seize espèces de poissons classés. « Quant aux coquillages, » ajoute-t-il avec un enthousiasme de néophyte, « le catalogue compte cent cinquante variétés de mollusques et d'échinodermes!... » D'autre part, le gouvernement italien, préoccupé de donner au pays une marine digne de sa longue ligne de côtes, a beaucoup amélioré le merveilleux port naturel que forme la vaste nappe intérieure. L'îlot actuel où Tarente serre ses maisons malsaines, et qui fut une presqu'île autrefois artificiellement détachée, a été détaché davantage encore. Un goulet a été creusé, profond comme un bras de mer, et franchi par un pont mobile, qui s'ouvre pour laisser passer les plus hauts bâtiments. On a même commencé de bâtir, par delà ce pont, une cité neuve avec de hautes maisons et de larges rues. Mais elle est tout ensemble morte et inachevée. On y sent la hâte d'une résolution soudaine, un parti pris de violenter le temps, puis un demi-abandon, faute sans doute de ressources suffisantes. Cet essai de rajeunissement moderne jure d'une manière presque plaisante avec les enseignes des boutiques qui portent sans cesse, au contraire, la trace d'un culte pour le passé. Vous trouverez dans cette Tarente neuve des cafés dédiés à Archytas, des brasseries à l'enseigne *del Peripato!* Pourquoi ce culte du passé n'existait-il pas au siècle dernier, et ne s'appliquait-il pas aux restes du Moyen-âge, puisque les restes de l'antiquité avaient disparu? La belle cathédrale normande, vouée à san Cataldo, l'apôtre Irlandais du pays, n'aurait pas été déshonorée

par les remaniements et le badigeon qui la
rendent méconnaissable... Le mieux est donc
de ne pas s'attarder ici et de profiter du passable
hôtel pour quelques excursions faciles au château
d'Oria, par exemple, à Manduria et surtout à
Métaponte.

Je reviens aujourd'hui de cette dernière ville,
ou plutôt de la station qui s'appelle ainsi. Bien
plus encore que Tarente, ce n'est qu'un souvenir, et le classique : *etiam periere ruinæ...* dont
nous fîmes un tel abus dans nos vers latins de
collège, est ici implacablement vrai. Métaponte !
Ce nom évoque le souvenir de Pythagore, qui
vint mourir là, et celui aussi de la plus riche
culture, symbolisée par le bel épi des monnaies
incuses frappées sous l'ancienne république, épi
de moissons miraculeuses, si élégant, si large, si
chargé de grains. — Voici, en regard de cette
image lointaine, la réalité actuelle : à peine le
train a-t-il quitté Tarente, qu'une plaine commence de s'étendre, indéfinie et déserte. Déserte
est la dune sablée que longe la voie et où la mer
roule ses lames grises avec sa monotone plainte.
Des rivières traversent cette solitude pour aller
vers cette mer. Des rivières ? Non. Des lits de

cailloux desséchés par l'ardeur du dernier été.
Une eau jaunâtre y stagne plutôt qu'elle n'y
coule. C'est le royaume de la Malaria, de ce
fléau dévastateur, représenté, disent certains
mythologues, par ces monstres des fables antiques, hydres, dragons, ou simples brigands,
vaincus par les Dieux. Ce monstre de la légende
aurait été ici Abybas, fondateur légendaire de Métaponte, funeste héros qu'aurait rencontré Hercule, occupé à ramener à travers l'Italie les bœufs
de Géryon. Abybas fut-il l'hôte, fut-il la victime
du grand justicier? Ici les commentateurs diffè-
rent, quoiqu'ils s'accordent, d'après Lenormant,
à expliquer le nom de Métaponte par le nom du
fils de cet Abybas, Métabos, — l'enfant né après
le passage des bœufs. — Le document certain,
c'est qu'aux temps de la guerre de Sicile, la riche
Métaponte aida puissamment le général athénien
Nicias en hommes, en argent, en provisions.
Aujourd'hui elle n'a d'existence que par les
neuf lettres peintes sur une enseigne de gare!
Cette gare est, d'ailleurs, assez importante puisqu'elle marque le point de bifurcation pour
les voyageurs venus de Naples et qui vont
soit vers Reggio, soit vers Tarente et Brindisi.
Autour des bâtisses d'exploitation, de pauvres

maisons se dressent, six ou sept peut-être. Elles
servent à loger les familles des employés, et le
personnel des locataires doit être souvent renou-
velé, si l'on en juge par le visage de ceux qui véri-
fient les billets et enregistrent les bagages. Les
yeux trop noirs brûlent dans des teints verdâtres.
L'imperceptible germe du poison, contre lequel
est impuissante la verdure des grands eucalyptus, court dans les veines épuisées. Les plus
récemment arrivés se reconnaissent à la fraîcheur
relative de leurs joues et de leurs prunelles.
Ce sinistre coloris de mort n'y est pas empreint
au même degré. Mais quoi? L'homme est marié.
Il a des charges. Il faut de l'argent. La paye
est plus forte. Tel autre a passé là qui n'a pas
succombé. Ce sont des précautions à prendre,
on les prendra. Le misérable ménage accepte
donc la place offerte, et, après quelques années,
le démon de la fièvre a fait sa besogne. Tous
sont morts ou mourants. Il semble qu'Héraclès,
le génie du travail, au lieu de passer par cette
plaine pour la rendre comme autrefois habitable
et prospère, n'y fasse plus qu'un office de bourreau, et qu'il se venge ainsi du nouveau Dieu
dont le culte a succédé au sien.

L'intérêt d'une promenade à travers cette campagne funeste réside dans une visite aux restes d'un temple Dorique, de destination incertaine, et qui se trouvait, estime-t-on, à deux kilomètres au nord de la cité disparue. Ce débris porte le nom romantique de table des Paladins, — *Tavola dei Paladini.* « On l'appelle ainsi, » me dit le paysan qui me conduit vers cette ruine, « parce qu'on a entendu raconter aux vieux que des hommes six fois grands comme nous venaient y manger !... » Il cligne son œil, et, secouant sa face couleur d'olive, il prononce la parole nationale par excellence, celle qui se prête également aux plus aveugles superstitions et aux plus diplomatiques scepticismes : « *Chi lo sa ?...* » et il ajoute : « On a trouvé leurs tombes pourtant, et elles étaient faites pour des gens comme nous... » Ce raisonnement paraît troubler beaucoup son intelligence, aussi lente que la charrette de bois non suspendue dans laquelle il me voiture. Deux mulets étiques la traînent, attelés l'un dans le brancard, l'autre par côté. Les deux grandes roues suivent la double ornière du chemin, où elles enfoncent parfois jusqu'au moyeu. Le paysage s'est fait plus vide encore, maintenant que

me voici à cinq cents mètres des bâtisses rangées autour de la gare et qu'un pli de terrain les
cache. La lande se déploie, sauvage et nue. Des
moutons y paissent, conduits par un berger vêtu
de peaux de bêtes qui ne sont ni taillées ni cou-
sues. Des ficelles nouent ces toisons d'un blanc
jaunâtre et maculé de boue autour du torse, des
bras et des jambes de ce pâtre, probablement
très analogue à ceux qui servirent de modèle à
l'enchanteur Théocrite, quoique l'on n'imagine
pas un animal humain de cette brutalité récitant
les délicieux vers du *Cyclope* :

> *Nicias, il n'est pas de remède à l'amour.*
> *Il n'est, pour adoucir sa brûlure sauvage,*
> *Ni baume bienfaisant ni magique breuvage,*
> *Rien que le charme pur des Muses..........*

Ce berger regarde là-bas, assis à terre, vers
les montagnes de la Calabre qui bordent de
leurs lignes vaguement bleues et des neiges
de leur cime cet horizon désolé. Qu'elles sont
loin, et loin la mer qui, à droite, tremble par
instants ! Un ciel d'automne, où d'informes
nuages se déchiquettent sous le vent, enveloppe
cette solitude par-dessus laquelle volent des
oiseaux de proie. Ils tournent, ailes éployées,

fouillant la grande plaine de leur avide regard. Aussi les peureuses alouettes que font lever les chiens qui suivent la voiture : — Regina, Cacciatore et Polycastro, — ont-elles tôt fait de s'abattre à quelques pas plus loin. Les cahots succèdent aux cahots tandis que les colonnes du temple ruiné grandissent à mesure, mais à mesure aussi le malheureux mur de cimetière dont une précaution inintelligente les a entourées. Il serait si facile de remplacer par une grille cette absurde maçonnerie qui gâterait, si c'était possible, la beauté de cette ruine, si mélancolique et si grandiose dans ce vaste cadre de silence et de sauvagerie!

Mais non, la beauté de la ruine est la plus forte. Une fois la porte à claire-voie poussée, et devant ces reliques séculaires, l'impression s'impose, irrésistible, immédiate et profonde. Quinze colonnes seulement sont debout. Elles suffisent à vous émouvoir autant que les édifices presque intacts de Pæstum, quoique d'une émotion un peu autre. C'est surtout ici un saisissement moral. L'artiste doit aimer cette ruine de Métaponte moins que le poète, malgré qu'elle fournisse un exemplaire accompli de cet ordre Dorique si sévère et si fort, avec son absence d'ornements, ses chapiteaux nus, sa base posée à même le pavé, la sensation qu'il donne d'un poids simplement et intelligemment supporté. Ces colonnes offrent ce caractère particulier que, pour une raison de solidité, le coussinet du chapiteau déborde un peu. L'architrave n'est pas tombée, ce qui explique le surnom de « table » appliqué à toute la ruine. Mais c'est vraiment par miracle qu'il en est ainsi. Car le vandalisme commun aux seigneurs et aux paysans du Moyen-âge a travaillé là comme ailleurs. Trouvant dans ces pierres des édifices antiques des matériaux préparés, ils dépeçaient ces nobles asiles des Dieux dépossédés, comme Robinson faisait son vaisseau. Ici les pierres des escaliers ont été arrachées, arrachées celles qui marquaient la place du mur de la *Cella*. Les frontons ont été détruits, et, pour qui n'aurait pas l'idée de l'ordonnance constante des temples grecs, aucun indice ne révélerait le dessin primitif de la construction. En revanche, l'art le plus savant n'aurait pas combiné un plus fier symbole du destin réservé à toute chose humaine, un commentaire plus éloquent du *Debemur morti nos nostraque...* La forme de ces ruines en fait vraiment un autel dressé à cette invincible Mort, à la souveraine Déesse d'ici-bas, dans ce désert qui prend lui-même, par place, de vagues formes de nécropole. Les ondulations marquent la place occupée jadis par la ville dont la poussière est mêlée à ce sol. On raconte qu'à l'époque de la moisson et dans les parties cultivées de la plaine, de longues rangées d'épis plus courts et leur jaunissement prématuré aident à retrouver les lignes où durent être les rues. On dit aussi que, dans les champs nouvellement défrichés, sans cesse la charrue du laboureur retourne des fragments de statues, des armes, des monnaies. *Tristis arator,* disait déjà plaintivement le tendre Virgile que l'on imagine tout jeune dans les champs de Mantoue, regardant sur le visage vieilli des pauvres paysans la trace de cette tristesse inconsciente que son précoce génie y devinait déjà. Cette épithète est trop vraie des cultivateurs qui vont ainsi, arrachant à cette terre empestée des morceaux épars où se discernent de vagues monuments d'une gloire à jamais détruite, et ces morceaux sont quelquefois des merveilles d'art, comme deux mains de marbre, deux adorables mains d'une statue de femme que l'on garde provisoirement dans une grange près de la gare, en attendant de les transporter au musée de Tarente. Elles sont, ces mains qui traînent parmi des débris informes, fines à rendre amoureux du corps qu'achevait leur délicatesse, pures à y mettre un baiser comme sur des mains de chair et si mélancoliquement mutilées et vivantes !

Il y a bien encore à Métaponte d'autres fragments d'un temple déblayé par le duc de Luynes, ce grand seigneur archéologue qui a tant fait chez nous pour l'étude de cette glorieuse et dévastée Grande-Grèce. Mais ils sont trop dispersés pour rien apprendre à un voyageur qui n'est pas un savant. Des tombeaux ont été aussi découverts, mais ils ressemblent à tous ceux du même genre. Aussi ne m'attendais-je pas, en regagnant le souple bouquet d'eucalyptus qui masque la place de la gare, à emporter de cet endroit maudit un autre souvenir que celui de cette *table des Paladins* dressée dans ce désert... Par bonheur, le train est en retard, et de plusieurs heures, à cause d'un accident survenu à un des ponts de la voie. Les employés sont de loisir, et plusieurs entourent un paysan borgne qui joue de la guitare, et voici que l'un d'eux, qui est du Pizzo, prenant cette guitare, commence de chanter une chanson de Calabre d'une si pénétrante poésie qu'en ayant compris quelques paroles j'ai voulu les transcrire toutes sous sa dictée, avec le regret de ne pouvoir les envoyer à feu Claude Larcher pour servir d'exergue à sa *Physiologie de l'amour* si étrangement interprétée par mes meilleurs amis et cruellement calomniée : « Devant la porte de l'enfer, — je vis un vieillard pleurer encore son amante. — Et je lui dis : Pauvre, tiens-toi allègre, — car petit à petit s'en va le chagrin. — Va, les peines de l'enfer ne sont rien — qu'à peine un songe pour qui perdit son amante. — *Et celui qui la perd morte, ce n'est rien. — Car petit à petit s'en va son chagrin. — Mais qui la perd vivante souffre un feu brûlant, — et qui chaque jour le ronge plus avant...* » Et le chanteur ajoute, faisant, par un hasard d'instinct ou de langage, une distinction qui eût ravi le défunt physiologiste : « Ce n'est pas une chanson d'amour, mais de passion !... »

XXV

Cotrone, le 30 novembre,

Quoiqu'il s'attache au souvenir de l'antique Crotone, devenue Cotrone par une corruption très simple du langage, un grand intérêt philoso= phique et un grand intérêt d'archéologie, la petit= ville n'est guère visitée que par des voyageurs c commerce ou par des négociants en citrons et en oranges. C'est ici pourtant que fut tentée, et de la manière la plus complète, une expérience unique dans l'histoire : celle de Pythagore, qui prétendit organiser toute une cité sous la direc- tion d'une aristocratie de métaphysiciens. Ici encore, ou du moins à quelques heures et à la pointe du long promontoire qui protège le port, le *capo Colonna*, se dressait le vénérable temple de Junon Lacinienne dont parle Virgile :

Hinc sinus Herculei, si vera est fama, Tarenti
Cernitur ; attollit se diva Lacinia contra...

dit Énée, racontant son périlleux voyage à la reine
amoureuse qui l'écoutait, comme plus tard Des-
démone Othello... « Et elle m'a aimé de mes dangers ! » Ce monument, le plus antique de ceux
que les Grecs avaient construits sur les falaises
de cette longue côte, n'a pas disparu tout entier.
Mais ni la renommée du philosophe de Samos
ni celle du temple Virgilien ne prévalent contre
les conditions de voyage qui sont un peu décou-
rageantes, et, en fait, presque personne ne s'arrête
à Cotrone. Il faut subir d'abord, pour y arriver,
et en prenant Tarente comme point de départ,
une longue, une intolérable journée de ce chemin de fer méridional dont les wagons tanguent
terriblement sur des rails posés à la diable, et
dont les retards sont constants. Pour établir la
voie d'une manière plus économique, les ingénieurs ont profité de l'espèce de langue de terre
qui contourne les contreforts de cet extrême
Apennin. Le malheur est que la montagne
vomit sans cesse de ces rivières qui s'appellent
en Calabre des *fiumare*. Aujourd'hui desséchées,
demain elles roulent une vague boueuse et furieuse

qui emporte quelque gros morceau de la ligne.
Puis comme le réseau des rails n'est pas double,
les trains qui descendent vers Reggio et ceux qui
remontent vers Métaponte s'attendent intermina-
blement les uns les autres dans des gares où le plus
souvent vous trouvez à peine à acheter un verre
d'une eau dangereuse. Le paysage ne varie guère :
d'un côté s'étend la plage désolée de la mer; de
l'autre, une marge de plaine plus ou moins dé-
ployée, et tout de suite la haute et rocheuse montagne. Sur la mer brillent les voiles de quelques
barques qui vont à la pêche par tous les temps.
Sur la plaine s'allongent des files d'eucalyptus dont
la verdure lisse finit par donner une sensation
sinistre. Ne dénonce-t-elle pas toujours la terrible
Malaria ? Sur les montagnes, des tours surplom-
bent, mais ruinées, qui servirent jadis au guet.
Des villages menacent, suspendus aux rocs les
plus difficiles. Les paysans, qui débouchent maintenant sur le trottoir des gares, portent des cha-
peaux de feutre pointus autour desquels s'enroule
un ruban. Des guêtres serrent le bas de leurs
jambes, ou, à défaut de guêtres, des cordes. Ils
drapent leur manteau sur leur épaule à la façon
des bandits d'opérette. Mais l'âpre sordidité des
costumes, la dureté des visages surtout éloignent

aussitôt l'idée d'un déguisement comique. Ils offrent presque tous cette physionomie du Méridional silencieux, — la plus habituelle, en dépit du préjugé courant, aux races filles d'un dur soleil. L'énergie des passions farouches y est empreinte avec l'habitude d'une observation animale, intéressée et concentrée. Cependant les noms glorieux succèdent aux noms glorieux, étiquetant des hameaux misérables, des stations dans le désert quelquefois. C'est Héraclée tour à tour, Siris, Sybaris, Thuri, la Petilia de Philoctète, — et ce n'est rien. Les plus patientes recherches n'ont pu arracher à ce sol le secret, je ne dis pas de la splendeur, mais de la vie qui s'y posa. Cette Sybaris, par exemple, dont nous savons qu'elle n'eut pas à subir de décadence, à quelle place gît-elle enterrée? Nous savons encore que les Crotoniates, conduits par Milon, — qui était, entre parenthèses, à la fois athlète, chef d'armée et philosophe pythagoricien! — la prirent en pleine prospérité, et qu'ils détournèrent sur elle, pour l'ensevelir, le cours du Cratis. Ses temples, ses palais, ses maisons n'ont donc pu se dégrader avant de disparaître. Des magnificences de sculpture et d'architecture dorment sous l'herbe malade que paissent les buffles qui ont donné son nom moderne à l'endroit : Buffaloria. Les fouilles ont amené de l'eau, encore de l'eau. Nulle part les ouvriers n'ont rencontré un fût de colonne, un débris de mur qui ait vraiment permis de dire : La ville était là.

Tandis que je regarde disparaître cette vallée déserte où fut la cité de toutes les mollesses et de toutes les voluptés, la nuit tombe, cette nuit du Sud, où même en hiver les étoiles sont larges comme celles de nos nuits d'été. La rumeur de la mer se fait plus forte à mesure que la nuance de son eau se fait plus sombre. C'est maintenant, avec l'approche de Cotrone, le dernier paysage qu'Hannibal ait regardé avant de s'embarquer pour ne plus revenir, et le fantôme du Carthaginois vaincu me revient, comme à Tarente, plus qu'à Tarente, irrésistiblement. Cette grève aride fut pour lui, comme Dresde pour l'empereur, le point de recul définitif, la place où il se renonça. Car reculer, pour ces génies d'audace, abandonner la proie où ils ont mis la griffe, c'est démissionner d'eux-mêmes. Ensuite ils livrent Zama, ils font la campagne de France, ils sont admirables d'atti-tude. C'est le gladiateur blessé, mais qui tombe bien, et ils le savent. Car ils cessent d'espérer quand la fortune les trahit, avec une puissance d'accepter l'inévitable égale à leur puissance d'entreprise aux jours de bonheur. « Il faut remplir sa destinée, » disait Napoléon à bord du *Northumberland*, « ç'a toujours été ma grande maxime. » Par une contradiction inexpliquée, tous ces grands hommes d'action sont fatalistes, eux qui ont tant abusé de la volonté, au lieu que les théoriciens du libre-arbitre sont d'habitude des hommes de pure pensée, un Kant, un Jouffroy, un Maine de Biran. Peut-être, comparant ce qu'ils ont projeté à ce qu'ils ont réalisé, un Hannibal, un Napoléon se rendent-ils compte qu'une force supérieure a dominé leur œuvre, et qu'ils ont été des instruments inconscients au service d'une Providence incompréhensible? Se posent-ils, d'ailleurs, ces problèmes? Quelle pensée s'agite dans ces cerveaux peuplés de visions concrètes, et sous quelle forme?... Pendant que moi-même je m'abandonne à ces rêveries, la nuit est venue tout à fait, et le nom de Cotrone a été crié par l'employé de service. Toute cette philosophie se dissipe devant la vulgaire nécessité de lutter contre un bataillon de cochers à faces de bandits qui se ruent sur les rares voyageurs descendus du train. Je finis par rouler vers la ville dans un berlingot d'une indescriptible vétusté, desservi par quatre personnages qui ressemblent par trop aux forçats que j'ai eu la naïveté de plaindre à Brindisi. Deux sont montés sur le siège, un derrière la voiture. Le quatrième, qui n'a qu'un bras, court en hurlant à côté des chevaux, lesquels, par un caprice singulier, galopent éperdument à la montée et s'arrêtent aux descentes. A la clarté de la lune, j'aperçois d'immenses hangars, qui servent à l'emmagasinement des oranges et des citrons, puis des toits plats. L'infâme véhicule tressaute sur le pavé, il s'arrête, et c'est l'entrée de l'auberge, — une vraie porte de coupe-gorge, étroite, humide, basse, qui s'ouvre entre une épicerie et un *salone,* comme les perruquiers du pays osent appeler leurs taudis. Un escalier en pierre, raide et malpropre, monte au fond du corridor et conduit au premier étage où est installée la *locanda.* J'ai la surprise agréable de la trouver tenue, comme si souvent en Toscane, par une seule famille, ce qui assure au gîte une propreté et une bonhomie relatives. La propriétaire a trente-huit ans, sa fille en a vingt-trois, et déjà les petites filles de six ans et au-dessous vont et viennent, apportant des fleurs à l'étranger. A des riens l'éloignement se reconnaît. J'ai ici un ami, rencontré autrefois dans l'Engadine, et, comme je demande son adresse, la grand'mère commence un discours sur l'ancienneté de la famille à laquelle appartient don Niccola, — comme elle dit à l'espagnole : « *Eccelenza, lei sa che la più antica città del mondo è Roma...* Votre Excellence sait que la plus antique cité du monde est Rome... » Puis, avisant mon chapeau posé sur le lit : « Ah! » dit-elle, en l'enlevant avec un geste d'effroi, « cela annonce la mort. »

Ce petit trait *Mériméen,* si je peux créer un mot pour caractériser un de ces détails de superstition exotique, qui plaisaient tant à l'auteur de *Carmen,* me fait passer par-dessus la simplicité de l'endroit, d'autant plus que, dès le lendemain, et tout en gagnant vers le port la barque qui doit me conduire au *capo Colonna,* je peux constater l'approche de l'Afrique à toutes sortes de signes. La végétation d'abord, d'agaves énormes et de cactus, ces plantes méchantes et derrière lesquelles on imagine si bien le rampement des dangereux félins, me rappelle Tanger et son aveuglante banlieue et ma promenade au cap Spartel, à cette dernière pointe du

continent noir qui regarde l'Espagne, — la plus
profonde impression que j'aie eue d'une nature
sauvage et grandiose, avec les gouffres bleus de
l'Océan qui remuaient au pied de la falaise, le
torride soleil, et les cris des bêtes inconnues,
derrière ces buissons tordus de pâles aloès. —
Les petits garçons, qui passent assis sur les ânes
et portant de l'eau dans des barriques, ont une
manière de se poser sur l'extrême croupe de leur
monture, pareille à celle des Arabes et aussi des
paysans d'Andalousie. La ville elle-même, avec ses
maisons toutes basses dans ses coins pauvres, ne
garde presque plus de physionomie européenne,
malgré les beaux palais de style espagnol qui
la décorent, et malgré son château pris par
Masséna vers le début du siècle. — Où ces généraux de l'empereur n'ont-ils pas promené leurs
chevaux de guerre, et devaient-ils être fatigués
quand est tombé l'Homme infatigable, lui qui disait
au beau Dorsenne, durant l'expédition d'Espagne:
« Vous êtes né au bivouac, vous avez grandi au
bivouac, et, si je vis, vous y mourrez! » — Dans
ces ruelles séjourne une population si visiblement composite qu'elle est comme une vivante
illustration de l'histoire de ces contrées, du mélange inouï de sang divers qui s'y est accompli.

Les huit rameurs que j'arrive à racoler pour me
conduire sur une barque de pêche au cap Colonna
pourraient être donnés comme un problème
d'atavisme à résoudre par quelque disciple du
regretté comte de Gobineau, — le plus perçant
visionnaire de la race qui ait paru depuis cinquante ans. De ces rameurs, l'un, celui qui commande, porte un nom grec. Mais ses yeux clairs,
ses cheveux bouclés, ses idées aussi, corres
pondent d'une manière absolue au type du Normand, de l'homme actif et féodal par instinct qui
a tant guerroyé sur ces côtes de la mer Ionienne.
« La famille des *** (et il se nomme) a toujours
été pour la famille des Luciferi, » me dit-il en me
parlant des dernières élections. A côté de lui
deux personnages aux grosses lèvres, aux pom-
mettes larges, à la peau profondément brûlée,
sont manifestement de sang noir, tandis qu'un
autre, un maigre, au profil busqué, n'aurait qu'à
vêtir un burnous pour se révéler Arabe. Les autres
montrent dans leurs traits, dans leur teint, et aussi
dans leur manière d'être et de bouger, cet à peu
près indéfinissable où se reconnaît le sang trop
coupé. Je me complais dans ce subtil roman
physiologique, invérifiable d'ailleurs, que je me
raconte à moi-même sur chacun d'eux, puis je

l'oublie peu à peu pour me laisser prendre par le charme du paysage du matin, un des plus sauvages dans la douceur que j'aie vu depuis des années.

Cotrone repose là-bas, blanche et jaune, avec la ligne de son port où des vaisseaux de cabotage dorment à l'ancre. La barque l'a quittée depuis une heure et elle longe le cap, bordé de falaises grises, qui va s'abaissant, s'abaissant toujours jusqu'à son extrémité, sans une bâtisse, sans trace de végétation. La mer, sous la coque, est d'un bleu intense, et, au large, elle est presque grise sous le soleil encore brûlant qui rayonne dans un ciel comme cendré de chaleur. Une immense ondulation gonfle par instants cette mer, soupir pacifique d'une vaste poitrine endormie. Des mouettes chassent, tour à tour bercées au vent, puis précipitées d'un trait sur cette eau à peine mouvante qui balance d'autres barques. Les ailes blanches et les voiles blanches brillent d'un pareil éclat. Le cap s'abaisse encore. Et j'aperçois qu'il se termine en une espèce de plateau. Une colonne solitaire s'y profile. C'est tout ce qui reste de ce temple d'Héra Lacinia, de la Déesse protectrice des chastes mariages, où Pythagore amenait les femmes de Crotone suspendre des fleurs et leurs ceintures, ce mystérieux Pythagore qui a prononcé cette maxime parmi tant d'autres, singulièrement profonde pour un moderne, pour un de ces complaisants de souffrance intime comme nous le sommes tous : « Il ne faut pas manger son cœur !... » Dans ce temple, Zeuxis avait suspendu sa célèbre Hélène, cette peinture rêvée, dit la légende, d'après les plus belles jeunes filles du pays prises comme modèles. Dans ce même temple, Hannibal déposa, frémissant de rage, les tables de bronze où se trouvait gravé tout le détail de sa guerre contre Rome. Des tuiles de marbre couvraient l'édifice qui, de la haute mer, marquait aux marins une étape de leur route, et, pour les compatriotes de Milon, le doux retour L'âme simple et grande des Hellènes est là tout entière, dans cette habitude d'associer l'idée de religion à celle de patrie. De sa ville, ce que le voyageur voyait d'abord c'était la maison des Dieux, de *ses* Dieux... Les lames secouaient la galère. L'homme avait subi le dur assaut des tempêtes, croisé des pirates, cherché un dangereux asile chez des peuples barbares, bravé enfin tous les dangers des voyages d'alors :

Nudus in ignotâ, Palinure, jacebis arenâ...

C'était la pire mort pour un ancien, mourir sur la grève inconnue, sans être pleuré... Mais le fronton du temple a surgi là-bas. De l'air court entre les colonnes peintes, l'air natal, et tant de misère est oubliée.

Ce fut avec une émotion étrange, que moi-même, après trois heures de cette promenade en barque, je descendis sur la plage aride que domine la colonne, dernière survivante du célèbre temple. Encore au XVIe siècle, s'il faut en croire le témoignage d'un voyageur, quarante-trois autres se dressaient à côté de celle-ci. Que sont-elles devenues ? Les a-t-on dépecées, puis emportées, morceau par morceau, pour construire quelque palais, quelque église, le môle de Cotrone ? Sont-elles tombées dans un de ces grands frissons du sol qui courent comme les secousses d'une fièvre secrète de la vieille terre, sur toute cette Calabre trop voisine des deux monstres, du neigeux et colossal Etna, du perfide, du féminin et bleuâtre Vésuve ? La survivante ne raconte pas l'histoire de ses sœurs disparues. Elle projette silencieusement sur le gazon jauni l'ombre de son chapiteau Dorique, et sa ligne comme éraflée, comme ébréchée par le temps. Cette ombre

tourne, tourne avec le jour, à la même place où
vinrent le philosophe de Samos et le condottiere
de Carthage, d'un mouvement imperceptible,
ininterrompu et qui mesure les siècles à cette sauvage solitude. Des chardons séchés et des crocus
roses poussent à la base. De grands lézards verts,
de ceux que leur tête de turquoise a fait surnommer des célestes, promènent sur la pierre
roussie leur inquiet appétit de soleil, et au-dessous,
à quelques pas à peine, la mer se déroule monoto-
nement, d'un bleu d'ardoise sous le ciel d'un bleu
presque blanc. On s'arrête, touché au cœur par
trop de sensations. Il y a ici le témoignage de l'art
suprême, celui des Grecs, révélé par le dessin seul
de cette colonne Dorique avec sa forme tassée,
un peu renflée, comme trapue, qui, même entamée sur l'arête de ses cannelures, même mangée
par le soleil, demeure belle, d'une beauté souveraine. Il y a les fantômes de la plus attirante histoire et de la plus lointaine. Il y a la présence,
rendue comme visible, des grandes puissances
du monde : — le temps qui n'en finit pas d'aller,
de croître et de décroître éternellement, la mer
qui ne s'interrompt pas de frémir et de gémir,
l'Idéal humain qui n'en finit pas de protester
contre l'inexplicable caducité dont ses meilleures

œuvres sont touchées! Et une jolie ironie du sort
voulut que cet Idéal fût exprimé auprès de moi,
à cette minute même, par une phrase toute
simple d'un des bateliers, mais à qui l'endroit et
l'heure donnaient un sens d'une infinie mélancolie : « *E col tempo anche questa caderà,* » dit-il.
« Et avec le temps celle-ci aussi tombera... »

En attendant cette inévitable chute, encore
aujourd'hui, la dernière des colonnes du temple
d'Héra continue de servir de signal au pêcheur
qui va quêtant sa pauvre vie, sur cette côte dangereuse, comme à l'époque où le poète de l'*Anthologie* pleurait déjà le sort de ces errants de la mer:
« On a gravé sur ce tombeau un filet et une rame,
témoignage d'une dure vie.... » Il semble que
l'antique Déesse ne consente pas à s'en aller tout
à fait de son promontoire. Non seulement aucune végétation bienfaisante n'y pousse, mais la
chapelle élevée à la Madone dans son voisinage
est demeurée pauvre et chétive, gardée par un
ermite à demi sauvage qui ne sait vraisemblablement pas s'il est païen ou chrétien. Les trois
ou quatre villas que des nobles de Cotrone
ont voulu construire dans le voisinage ne sont
habitables en toute sécurité que depuis ces quelque soixante ans, et qu'elles sont tristes! Des

tours les protègent, qui furent construites « contre les Turcs, » me dit le batelier. Les premiers fidèles et qui voyaient derrière les croyances du paganisme le travail du démon, n'auraient pas hésité à affirmer ce que je n'oserais pas nier, moi, absolument que l'esprit de la vieille Déesse est là, qui veut rester seul à sa place sacrée d'autrefois et dans la ruine de ses antiques honneurs. Toute cette ligne de terre qui va de Tarente à Reggio est pareille, comme frappée de malédiction par les Divinités qui la possédèrent et qui n'en sont point parties. Du moins ici, sur ce *capo Colonna,* est-ce une malédiction vraiment digne de l'Olympe antique, tant il s'y mélange de Beauté!

XXVI

Reggio de Calabre, le 2 décembre.

Je m'embarquerai demain pour la Sicile que
je vois là-bas, tandis que j'écris ces lignes, dresser
par delà le détroit sa côte mystérieuse, ligne de
montagnes nues et violettes sur lesquelles passe
l'ombre des vastes nuages. Elles sont immobiles,
et eux, ils courent toujours. Pour une minute,
grâce à la magie de cette ombre flottante, la
montagne semble bouger, elle semble vivre. Ils
sont déjà loin et elle demeure. Je vois Messine à
droite, ses palais blanchâtres, le phare plus au
loin. Du côté où je me trouve, et si je suivais la rive
italienne, à partir du quai de Reggio bordé de
ses maisons roses, j'arriverais à Scylla, de dangereuse mémoire, et c'est, entre les deux terres,
entre la péninsule et la sauvage côte de l'île, un

large, un frémissant couloir de mer où les grandes
vagues bleues se heurtent et se crêtent d'écume
où les navires se croisent, énormes paquebots
couronnés de fumée, fins voiliers dont le grée-
ment se découpe en noir dans le ciel clair et qui
penchent sous le vent, barques de pêche secouées
rudement par la lame brisée. Je sais combien elle
recèle de beautés, cette Sicile : — temples antiques
encore intacts comme celui de Ségeste, cathédrales normandes rayonnantes de mosaïques
comme celles de Monreale et de Cephalù, coins
divins comme cet Oliveto, ce bois d'oliviers près
du Zucco, plages solitaires et tragiques comme
celle de Sélinonte, et je devrais être heureux de
la voir là si près, d'autant plus que les dernières
journées de mon vagabondage n'ont pas été
favorisées du temps. De Catanzaro, tant célébrée
par Lenormant, je n'ai gardé que la vision d'une
ville sur une cime abrupte, avec une âpre, comme
une cruelle végétation de cactus hérissée sur
les pentes, — ville boueuse, trempée de pluie,
glacée de vent, où des Calabrais en chapeau
pointu et des Calabraises aux jambes sordide-
ment chaussées de jambières en velours bleu
piétinent dans un cloaque. Et quel hôtel, comparable seulement aux coupe-gorge de l'abominable

Foggia! Vainement j'ai voulu, pour n'avoir pas perdu ma peine, — le voyage est si dur, de la Marina qui porte le nom de la ville à la ville même, — prendre quelques pages de notes locales en suivant au tribunal un procès de paysans. Les brutes à face humaine qu'il s'agissait de juger avaient eu, au coin d'un champ, une rixe plus ou moins sanglante, commencée par des coups de bâton et terminée par des coups de pistolet. Mais, coupables ou non, comme accusés et témoins répondaient au président en pur calabrais, les phrases qui eussent pu faire image ne m'étaient compréhensibles qu'à moitié. J'eusse pu me les faire traduire et les noter. Mais quoi! J'aurais déchiré ces notes aussitôt prises, comme toutes celles que j'avais, à d'autres voyages, griffonnées sur l'Espagne, sur les Iles Ioniennes, sur l'Allemagne. J'ai trop couru le monde pour ne pas savoir ce que valent ces croquis de mœurs dessinés sur une seule expérience. Quand j'aurais montré, serrées sur ce banc d'infamie, les neuf sauvages bêtes à teint de bistre, l'avocat plaidant d'une gueule retentissante, et insultant les témoins à charge du nom de *cretini,* tandis que ses galfâtres de clients devenaient *questi galantuomini,* — quand j'aurais dessiné la figure du président, fin, irritable, ex-magistrat du Nord, visiblement furieux de mal entendre le patois des paysans, et celle du procureur du roi, écoutant avec impassibilité de brutales allusions à ses vignes et à la qualité de ses vins, j'aurais dessiné un tableau d'après nature. Mais de quelle portée ? Nous n'arrivons pas à bien connaître un ouvrier parisien, un bourgeois riche de la plaine Monceau, un noble de province. La preuve en est dans la divergence absolue des documents fournis par les romans d'analyse depuis soixante ans que Balzac a commencé de mélanger à l'étude des sentiments l'histoire des mœurs ; et nous aurions la prétention, en trois mois, en six, en douze, de nous figurer des intérieurs d'âmes d'un autre pays ! Plus j'ai voyagé, plus j'ai acquis l'évidence que, de peuple à peuple, la civilisation n'a pas modifié les différences radicales où réside la race. Elle a seulement revêtu d'un vernis uniforme les aspects extérieurs de ces différences. Le résultat n'est pas un rapprochement. La race en est, au contraire, plus difficile à pénétrer, l'identité des formes extérieures de la société nous cachant les oppositions du fond. Cela semble un paradoxe, mais vraisemblablement, nous nous connaissons beaucoup moins les uns les autres, je parle entre nations, qu'aux temps où chacun vivait d'après sa coutume. Que j'ai travaillé pour ma part à comprendre l'âme anglaise, par exemple, en proie à ce goût de cosmopolitisme qui fut la folle passion, presque la manie de ma jeunesse ! Les livres me l'avaient indiqué, et mon appétit de la culture m'y a tant poussé. J'ai vécu à Oxford avec des étudiants et des *fellows,* à Londres avec des littérateurs et des mondains, en Irlande avec des prêtres et des Landlords, en Écosse et dans le *lake-district* avec des touristes et des négociants, des sportsmen et des campagnards, à Florence, à Venise, avec des esthètes. S'il me fallait résumer mes impressions, je serais forcé, je crois bien, de dire simplement qu'il y a quatre-vingt-dix-neuf fois sur cent, entre un Anglo-Saxon et un Gallo-Romain, un principe d'inintelligibilité réciproque, une diversité de structure mentale et sentimentale invincible, dont la cause m'échappe et que je ne saurais même pas bien définir, sans compter que d'Anglais à Anglais la différence est peut-être égale, quand il s'agit d'un Écossais et d'un Gallois, par exemple. Et voici que, sur le point d'achever un nouveau voyage en terre latine, je sens que mes réflexions sur l'âme italienne, si je leur cherchais, à elles aussi, une formule, se résoudraient dans une même impuissance finale à un jugement définitif. A quoi bon tant s'évertuer alors de wagon en wagon, de paquebot en paquebot et d'hôtel en hôtel pour aboutir à cette conclusion ? Et je me souviens de ceux de mes confrères qui m'ont, comme Jules Lemaître, taquiné avec plus ou moins de bienveillance sur mes habitudes de voyage. Avaient-ils donc raison ? Oui, à quoi bon avoir tant couru le monde pour en rapporter cette certitude par trop naïve, qu'il y a vraiment des peuples divers et que la pression séculaire des hérédités et des milieux les a marqués d'empreintes probablement irréductibles ?

Eppur si muove, — comme disait le savant qui a baptisé le bateau sur lequel je passerai le détroit demain, le vieux Galilée. Et pourtant je suis parti avec délice, il y a deux mois, et je repartirai, je le sens trop, avec le même délice, au premier souffle, et ce ne sera point par mode et *snobisme,* ni même pour le plaisir de dire : « J'ai été là, » ni pour écrire de nouvelles phrases. Que de routes j'ai suivies sans en rapporter une seule page! Ce ne sera point par amour des sciences, n'en possédant vraiment aucune, je l'ai trop montré au cours de ce journal, ni même par goût de la psychologie internationale, quoique cet épigrammatique Lemaître m'ait encore qualifié de « psychologue errant. » Je viens de dire que je ne crois aucunement à la valeur des observations de route. Mon ami Stendhal en est la preuve, lui qui a passé sa vie à enregistrer avec une si juvénile confiance des anecdotes recueillies dans des conversations de café! J'aime cependant ses livres, quoique à l'user j'aie constaté que rien n'en était strictement vrai, parce qu'il a eu la *sensation du voyage,* et je crois à cette sensation-là comme à celle du jeu, pour elle-même et sans autre raison que d'en avoir tant éprouvé la jouissance. En essayant de l'analyser, j'y trouve des éléments complexes dont je voudrais démêler quelques-uns, afin de donner à ces notes un peu incohérentes un dernier chapitre et qui en résume à peu près l'esprit épars.

Elle réside d'abord, cette sensation du voyage, dans ce pouvoir que possède seule l'absence de nous rendre à nous-même. Être loin, c'est être affranchi de tant de devoirs et de tant de misères, de tant d'habitudes lassantes ou douces! Dans la voiture qui vous emporte, sur le pont du bateau, vous vous retrouvez seul et libre, non seulement

de vos heures, mais de vos idées, de vos goûts,
de vos rêveries, et le premier usage de cette
liberté, c'est de vous rendre à la nature, à cette
impression directe et animale des choses qui
s'efface, qui s'émousse si vite, dans l'accoutumance
des villes. Pour que vous aimiez à voyager, il faut
que vous soyez demeuré sensible à ces splendeurs
journalières que la littérature n'a pu gâter en les
décrivant, parce qu'elle n'a jamais pu qu'en
copier une pâle image. Il faut que vous aimiez à
regarder le vaste, l'incorruptible ciel, la mouvante
mer, la forêt onduleuse, la gracieuse ou farouche
montagne, et, pour éclairer ce décor immortel,
les jeux changeants de la lumière du jour et le
palpitant éclat des étoiles de la nuit. Ne dites
pas que ces splendeurs visibles vous sont trop
connues. Depuis des mois vous les oubliez, en
proie aux soucis de l'existence affairée et quoti-
diennne. L'homme vous les cache, votre ami le
plus cher quelquefois; d'autres fois, votre ennemi.
Osez revenir à elles. Vous les retrouverez qui
vous attendent. Qui a pu courir un peu cet
immense monde et ne pas se ressentir capable
de ces émotions uniques, si simples, si péné-
trantes, qui furent celles de notre première jeunesse : entendre par une après-midi d'été le bour-

donnement, dans un bois, de la vie universelle, le soupir confus de la terre sous la chaleur et comme sa germination, — regarder par-dessus le bastingage du bateau la côte disparaître et l'infini des flots se déployer sous la lune qui monte. Certes, elles sont toujours à votre portée, ces émotions, mais vous devez pour les rapprendre vous donner à elles, comme vous devez vous donner aux arts pleinement pour en éprouver l'envahissante fièvre. Ne dites pas non plus que vous avez le Louvre et son étonnante galerie. Avouez que vous n'y montez guère et vous n'avez pas si tort. Les œuvres des maîtres veulent, pour être comprises, un recueillement que vous n'aurez jamais à Paris, entre deux de vos innombrables devoirs de métier ou de société. L'absence vous l'impose, ce recueillement, malgré vous, et puis les œuvres d'art veulent aussi être vues dans l'endroit où elles furent composées, sous le ciel qui les vit naître. Les modèles que les peintres ont copiés vont et viennent encore dans les rues : en Lombardie, les Hérodiades chères à Luini; à Venise, les dogaresses de Titien et de Véronèse; à Parme, les gracieuses Madones de Corrège; à Florence, les nymphes de Botticelli. L'Hérodiade, hélas! vend quelquefois des allu-

mettes et du tabac, la dogaresse aune du ruban,
la Madone est épicière, la nymphe blanchisseuse;
le Saint Sébastien, qui semble descendu d'une
fresque Ombrienne, vous sert du foie de volaille
ou des œufs frits dans un restaurant de campagne.
Il n'importe. La vision sublime que les grands
peintres ont su se former d'après le type à travers
les déchéances du métier, s'impose à vous, comme
aussi la biographie de ces peintres s'anime, et
celles des écrivains dont vous visitez la maison,
et celles des princes dont vous contemplez le
château. Le goût qui attache si fortement le vulgaire à la matérialité des objets touchés par les
héros n'est pas un simple préjugé. Notre imagination prend son point d'appui dans les sens, et
pour nous figurer le passé le contact physique
est presque nécessaire. Céder à cet attrait sans
en discuter la finesse, quelle meilleure méthode
pour renouveler en nous le rêve des temps anciens, pour galvaniser ce qui n'était que lettre
morte, vaine et froide nomenclature, pour opérer
ce miracle de résurrection, où Michelet faisait si
justement consister toute l'histoire?

Sensations d'histoire, sensations d'art, sensations de nature, — quand vous avez laissé pen-

dant des semaines ces trois courants déborder, jouer à leur gré sur vous, il se produit dans votre être intime un phénomène particulier qui explique pourquoi chaque long voyage se termine sur un changement secret de votre personne, presque toujours améliorée, devenue plus grave, plus résolue à la tâche du travail intérieur, plus religieuse enfin, si l'essence de la religion consiste dans la bonne volonté. Il y a deux efforts également difficiles pour un civilisé et qu'emporte le tourbillon brûlant, desséchant, des cités modernes. Ils semblent contradictoires, et ils sont rendus si difficiles par un même défaut de solitude. Vivre sa vraie vie, sentir son vrai « moi, » c'est le premier de ces deux efforts. Mettre à leur vraie place les petites misères de sa propre destinée, c'est le second. Le voyage, qui nous restitue à nous-même, nous apporte aussi ce bienfait qu'en déployant autour de nous les tableaux immenses et mouvants de la vie, il nous apprend à nous considérer de cette manière *cosmique* où réside le plus puissant principe d'amélioration. Marc-Aurèle disait : « Il faut contempler le cours des astres comme si nous étions emportés dans leurs révolutions. Il faut sans cesse penser aux changements des éléments les uns dans les autres.

Ces sortes de considérations purifient les souillures de la vie terrestre... » Et Platon : « Quand on discourt sur l'homme il faut envisager *les choses de la terre comme d'un lieu élevé :* troupeaux, armées, labourage, noces, réconciliations, naissances, morts, tumultes des tribunaux, contrées désertes, nations barbares de toutes sortes, fêtes, lamentations, foires, toute cette confusion de mille choses, toute cette harmonie formée de contraires... » Ce travail de perspective et d'ensemble, le voyage le rend plus facile par cet élargissement qu'il impose à notre horizon. Le chétif univers que nous sommes dans l'autre univers, la fragile durée de notre destinée, la mesquinerie insignifiante des passions individuelles dont nous souffrons, la pauvreté des accidents qui nous blessent, le peu que représente dans la vaste suite des âges le tumulte contemporain, nous le sentons à plein cœur, et à plein cœur aussi ce besoin, cet appétit des choses éternelles, la plus antique, la plus sûre garantie de notre destinée d'outre-tombe. Ce n'est pas sans raison que les Pères de l'Eglise, qui restent les princes des psychologues et des moralistes, malgré le fatras microscopique de notre science actuelle, ont comparé la vie humaine à un voyage, et l'homme qui doit mourir à un passant qui s'achemine vers sa fixe demeure.

... Hier, après que le train qui m'amenait à Reggio eut doublé ce cap que les marins baptisent du nom saisissant de Spartivento, l'éparpilleur des vents, le soir commença de tomber sur la grande mer et le ciel de s'empourprer à l'occident, et tout d'un coup, j'aperçus devant moi, par delà cette mer, surgir une colossale masse sombre, blanche de neige et chargée d'une couronne de nuages, — vapeurs du ciel, vapeurs du fumant cratère? C'était l'Etna. Le monstrueux géant, le formidable monstre exterminateur se dressait dans l'ensanglantement du soleil tombé. La côte qu'il domine était cependant le terme de ma route, l'oasis assurée de mon hiver, et elle me fit peur une minute par cette majesté sinistre. Voici que cherchant une analogie aux idées sérieuses qui viennent de naître en moi, je trouve que cette fixe demeure vers laquelle nous nous acheminons tous pourrait avoir son symbole dans cette approche d'une île de repos annoncée par un géant d'épouvante. — Pardonnez-moi, lecteur ami, et qui avez bien voulu me suivre jusqu'ici à travers un tel vagabondage de faits et de pensées, de vous quitter sur cette image un peu grave pour conclure des pages de dilettantisme facile. Le sage a dit : « Tout ce qui finit est court... » et tout ce qui finit, aurait-il pu ajouter est triste, même un doux et paisible pèlerinage à travers une terre de Beauté. Mais c'est la vie, cela : un soupir à donner à ce qui fut et un sourire à ce qui sera. — Disons-le donc ensemble, ami lecteur, cet adieu à Reggio, la ville rose, ce bonjour à Messine, la ville blanche !

TABLE

ÉMILE COLIN, — IMPRIMERIE DE LAGNY